頭痛、肩コリ、心のコリに美味しんぼ

雁屋 哲

遊幻舎

●目次

装幀・本文イラスト——南　伸坊

これが美味しんぼ流肉の食べ方だ

日本のハンバーグとアメリカのハンバーガー

よく日本人は、西洋人は血の滴《したた》るようなビーフステーキを食べる、などというが、私の経験からはそれはどうも例外的なことのような気がする。アメリカのレストランでレアに焼いてくれと頼んだのに焼き上がってくればよくてミディアム、あるいはミディアムとウェルダンの中間、最悪の場合かちかちのウェルダンに焼き上がってきたという経験を何度もしている。

私は自分でも驚くほど寛大な人間なので、焼き上がってきたステーキの焼き方がいかに間違っているか懇切丁寧《こんせつていねい》に説明してやる労をいとわないし、店の人間が私の説明に感謝して焼き直す時間がかかることについて平謝りに謝ることに鷹揚《おうよう》に頷《うなず》くだけで一切文句をいわない。要するにアメリカ、オーストラリア、フランス辺りではレアのステーキを食べる人はあまりいないようなのである。

　それどころか、オーストラリアで、オージーに肉の焼き方を任せておくと例外なくステーキは七年半履《は》き古したビニールの突っかけの方が遥《はる》かに瑞々《みずみず》しく見えるほど徹底的に焼き固めてくれる。血の滴るステーキどころか固いステーキの端っこで自分の口を切って自分の口の中に自分の血が滴る仕儀となる。基本的に普通の西洋人はよく焼いた肉を食べるようである。

　ハンバーガーなんてものもそうだね。日本の洋食屋でハンバーグを注文すると、牛の挽《ひ》き肉(あるいは、牛と豚の合い挽き肉)にタマネギ、ニンニク、卵、つなぎのパンなどをよく練り合わせて楕円形《だえん》にまとめたものを焼いて持ってくる。鉄板自体が皿になっていて、その熱い鉄板の上でハンバーグがじゅうじゅういって焼けているのを目の前に置かれると、常に沈着冷静が売り者の私も腰が椅子から五センチほど浮いてサンバのダンサーのように腰をうねらせてしまうね。

　焼き方もまたなかなか見事で中央にまだ肉の赤身が残っていて、ぎゅっと嚙《か》むと中から肉汁がほとばしり出る。中の具と、肉との釣り合いも、上にかかったソースとの案配も大変によろしい。

　で、私は長い間ハンバーグ・ステーキなるものはそういうものだと思っていたのだが、アメ

欧米
では
ステーキの
レアは
レアケース

リカから例の世界最大のハンバーガー・チェーン店がやって来て銀座に店を開いた時、早速心躍らせて食べてみて呆気にとられた。中に入っているハンバーグは具も何もないただの挽き肉を平べったくしたもので、しかもそれを徹底的に焼いてあるので、紙粘土細工かと思えたほど味も素っ気もないものだった。

オーストラリアのあるハンバーガーの店で（チェーン店ではない）作り方を見ていたら、肉はただの挽き肉を平らにして徹底的に焼く。それをパンに載《の》せてからその上に、生のタマネギやトマトの薄切りを乗せる。ハンバーグ自体に具は入れないのである。どうも、日本のハンバーグ・ステーキと、アメリカやオーストラリアのハンバーガーとは似て非なるものらしい。

ハンバーグを突然食べたくなったら

私は日本に滞在している時には基本的には自炊生活である。一人で外食するのが嫌いで、しかも一緒に食事をしてくれる人間がいないので、自分で料理をして自分で食べることになる。で、この間、突然ハンバーグを食べたくなったことがある。早速、肉屋に飛んで行って、よいところの牛肉を二百グラム程度挽いてもらってきた。私のハンバーグは簡単だ。刻んだタマネギ、ニンニクをたっぷり、豆乳で戻した食パンをいれて練る。あまり練りすぎるとハンバーグなのか蒲鉾《かまぼこ》なのか分からなくなるから、ハンバーグの形を形成できる程度の練り方にする。

練る際に塩とコショウを入れる。普通ハンバーグというとナツメッグを入れる人が多いが、私はナツメッグが強すぎると嫌なので、コショウだけにした。二百グラムの肉で洋食屋のハンバーグの大きさのものが三つ出来上がった。

実はハンバーグを突然食べたくなったのは、トマトケチャップの味が恋しくなったからだ。食通と称する人にいうと軽蔑されるから黙っているが、私はトマトケチャップが大好きだ。何にでもかけるというわけではないが、オムレツ、メンチカツ、ハンバーグにはなくては困る。

で私は出来上がった三つのハンバーグにたっぷりとトマトケチャップとウスターソースをかけてむさぼり食った。残りの一つは翌日の昼にハンバーグ・サンドイッチを作ろうと冷蔵庫にしまった。我ながら何てつましいんだろう。一九四一年生まれの男が、たった一人でアパートで、ひげをケチャップまみれにして自分で作ったハンバーグを食べる姿なんて、考えてみれば涙ぐましくないかい。

「何でも一緒混ぜ」から生まれた料理

これは一度書いたことだが、一九六九年以来のつきあいで真の親友に「あ」という男がいる。ある時「あ」のいる前で私はチャーハンを作った。

これも簡単なもので、タマネギ、牛の挽き肉、ニンニク、卵、それだけを具にしたものである。それを食べるのに、まず私はパルメザンチーズを山のようにかけ、ケチャップをたっぷりかけ、更にウスターソースをかけ回し、ぐちゃぐちゃべたべたにしたものを、うんぐ、うんぐとむさぼり食った。

「あ」は終始呆れ果てて私を見ていたが、ついにたまりかねていった。「おれは、これから哲ちゃんが食べ物についてどんなことをいおうと絶対に信用しないからな」。どうも「あ」という男は困った男で、人には誰でも弱点があるということを理解しない。

「あ」だってひどいもので、彼の習性に「何でも一緒混ぜ」というのがある。あるとき、豆腐と納豆を一緒にぐるんぐるんとかき混ぜて、べたべたになったものを「これを食え」というのである。「冗談じゃないよ。こんな汚らしいもの食えるかい」と反発したのだが、「あ」は強硬に食べろと迫る。

仕方がない、友人のよしみで一口食べてやったら、あれま、これが美味しい。「お、旨いじゃないか」といったら「あ」はすっかりご機嫌になって「おれの作るものは美味しいんだよ。おれは、これに『親子豆腐』と名前を付けたんだ」という。

「『親子豆腐』とはどういう意味だ」と尋ねると、「納豆は大豆、豆腐も大豆、親子関係だろう」と訳の分かったような、よく考えれば訳の分からないことをいう。

「それじゃ、『親子納豆』でもいいじゃないか」と異議を唱えると「いいんだ、これは『親子豆腐』なんだ」と威張っている。口惜しいが確かに美味しいので『美味しんぼ』で書いてやった。『美味しんぼ』の種を一つくれたわけだから「あ」には感謝しなければならないだろう。

しかし、「あ」の極悪非道さが発揮されるのは鍋料理の時である。鍋奉行という言葉がある。鍋料理となるとすべてを取り仕切らないと気のすまない人間のことである。だが、あなた、鍋奉行くらいで驚いていたらだめですぜ。「あ」と来たら、鍋奉行を通り越して鍋閻魔《えんま》大王なんだ。

すき焼きをめぐる戦い（実況風）

先日、私と「あ」ともう一人の私たちより年少の親友「と」の三人ですき焼きを食べた。男三人ですき焼きなんて色っぽくないことおびただしいとお思いになる向きもございましょうが、鍋料理なんてものは気の合う男同士で騒ぎながら食べるのが一番美味しく楽しいのだ。

そもそも、鍋の材料を買い出しに行くところから「あ」の専横が始まるのである。私はすき焼きというとまず牛肉のことしか頭に浮かばないが、「あ」はいわゆる「ざく」をたくさん買い込む。ネギ、白菜、春菊、しらたき、豆腐、生シイタケ、えのきだけ、そんなものを普通の倍くらいの量買う。

「おい、よせよ、すき焼きだぜ。肉を食べるんだ。野菜なんかそんなにたくさん買うなよ」と私がいっても聞かない。しまいには生のうどんまで買う。「こいつを茹《ゆ》でて、鍋に入れよう」「うどんなんか食べたら肉が食べられなくなるだろうが」「餅《もち》も入れるかな」「助けてくれよ」「あ」は非常にまめで、台所に入ると手際よく野菜を切って次々に大皿に盛りつける。私は、肉の支度をする。「と」はコンロや皿の用意をする。さて、材料が全部揃《そろ》ってコンロに鍋を載せ火がつくと、もはや「あ」の天下だ。私も「と」もちゃんと椅子に座っているのに、「あ」は菜箸を握って鍋の前に閻魔大王のような形相で立って動かない。要するに、我々に手出しをさせないのである。

私のすき焼きの作り方は大変に乱暴なもので、読者諸姉諸兄におかれては真似をなさらないようにお願いしたい。真似をされた挙げ句、ひどくまずかった、などと文句をいわれても当方は責任を取りませんからね。まず、鍋に牛の脂《あぶら》を乗せて鍋を脂になじませる。そこに、肉を広げて、ちょっと肉が縮まった頃合いに、酒と醤油《しょうゆ》をざっとかけ回し、肉がまだ生の間に勢いよく食べる。次いで、再び肉を入れ、先ほどの酒と醤油が足りなければまた加える。

肉をある程度食べたら、ネギ、白菜などを加えて鍋に既に溢《あふ》れている肉の旨味を吸わせる。そこに、また肉を入れ酒と醤油を適当に加える。砂糖も少し入れる。とにかく肉を食べるのが眼目で、野菜や豆腐は味のしみ込んだところを少し食べてやる程度である。ところが「あ」はそうさせてくれない。先日のすき焼きがどんな風だったか実況風に描いてみようか。

あ「わ、そんなに酒を入れるのかよ」

私「そうさ、牛肉には酒が一番合うんだ」

と「これじゃ、牛肉の酒煮ですよ」

私「ほら、肉が桃色のうちに食べてくれ。最高の前沢牛のロースだ。煮すぎたら、もったいない。ほら、食べてくれ」

と「いそがしいな」

「あ」はせっせと「ざく」を入れはじめる。

私「おい、野菜なんかまだ入れるな。肉を食べるんだ」

あ「いいんだよ。野菜が肉の味を吸って旨くなるんだ」

私「そんなこと知ってらい。だけど、まだ早い。それじゃ、肉を焼く場所がなくなるじゃないか」

私が抗議しても、「あ」は「ざく」をどんどん入れる。

私「待てったら、そんなにどんどん入れてどうする。そういうの、隙間《すきま》恐怖症っていうんだぞ。少しでも隙間が空いていると不安になって、何でもかんでも詰め込まなければ気がすまないんだ。わ、豆腐なんかまだ入れるなったら。あ、しらたきまで入れやがった」

あ「哲ちゃん、汁が足りないな。足してくれ」

私は「あ」に命令されて、酒と醤油を足す。
あ「甘味が足りないよ。もっと砂糖を入れろよ」
私「和三盆の最高のやつがあるから、入れてやるよ」
と「やはり、このくらい甘味があった方が美味しいですよ」
私「わ、春菊を入れるのかっ！」
あ「おれは、春菊が大好きなんだ」
私「それじゃ、入れてしんなりなったらすぐ出して食べろよ。春菊を入れっぱなしにしておくと苦みが出るからな」
あ「もっと入れよう」
私「お前、責任取って全部すぐ食べろよ」
と「僕も食べますよ」
「あ」は素早く立ってうどんを茹でてくる。
あ「うどんをいれるぞ」
私「待て、肉がまだたくさん余ってるんだ。肉を先に食べてくれ」
あ「哲ちゃん、うどん入れるのに汁が足りないよ」
私「分かった、足しますよ」

私は、「あ」のあまりの暴虐振りに逆上して、日本酒と間違えて、芋焼酎を入れてしまった。

私「わ、間違えて芋焼酎入れちゃったよ」

あ「しょうがねえなあ。もう、酔っぱらっちゃったのかよ」

仕方がないから肉を入れて食べてみる。ところが、これが旨い。牛肉の旨味を芋焼酎がすっきりと引き出してくれるのだ。

私「おい、芋焼酎入れると肉が旨いぞ」

あ「本当か」

と「あ、本当だ、美味しい」

私「これから、すき焼きは芋焼酎で作ることにしよう」

などと書いているときりがないから、「と」の言葉を付け加えてこの場は終わりにする。

「と」はいった、

と『『あ』さんは、雁屋さんのいうことを絶対に聞きませんね」

「と」よ、ありがとう。よく分かってくれた。私は、鍋料理の度に鍋閻魔大王の「あ」にやられっ放しなんだ。一九六九年からずっとこうなんだよ。しかし、今回はおかげで、芋焼酎ですき焼きを作ると美味しいことを発見できた。「あ」よ、許してやるぜ。

鍋料理は果たして「料理」といえるのか

日本の鍋料理は世界一の美味しさ

よく「同じ釜の飯を食べた仲（あるいは間、仲間）」という。

しかし、同じ鍋のすき焼きを食べた仲間とはいわない。同じ鍋をつつく方が、同じ釜で炊いた飯を食べるよりよっぽどつき合いが濃厚なはずなのにね。鍋は釜より低く見られているのだろうか。

で、鍋料理だが、私は世界中あちこちの料理をのぞいて歩いた結果、日本ほど鍋料理の種類の多い国はない、また、その美味しいことも他の国の追従を許さない、と断言してしまうことにする。

ベトナムに行ったときに、ベトナムの鍋料理の美味しさに驚いた。香港や広東で、鍋料理を食べると、せっかく中華料理の本場に来ているのに鍋料理なんか食べて損をした、という気になるが、ベトナムの鍋料理は、「お！　これは日本の鍋料理危うし！」と思わせるものがある。しかし、多種多様さ、料理自体の持つ力、重さで、やはり日本の鍋料理の方が一枚上だと思う。

しかし、中には鍋料理なんか料理といえるのか、という人もいる。単に鍋の中に食材を放り込んで煮るだけのものは料理とはいえないだろうという。

そのくせ、フランス料理のラムや牛肉のソテーなどはありがたがる。ソテーというとありがたく響くのかもしれないが、乱暴にいってしまえば、フライパンで焼いたものではないか。で、その焼くという料理法は一番原始的な料理法なのだ。

そもそも、人間が他の動物と決定的に差がついたのは火を用いることができることによってである。ギリシア神話では、神族の一人プロメテウスが、天上の火を盗んでそれまで火を持たなかった人間に与えたことになっている。おかげでプロメテウスはギリシア神話の最高神であるゼウスの怒りを買い、岩山に縛り付けられる。

すると、そのプロメテウスを巨大な鷲《わし》が襲って肝臓を食べてしまう。ところが夜のうちにプロメテウスの肝臓は元通りになり、翌日また大鷲が襲ってきて肝臓を食べる。これはたまらないよね。ひと思いに殺してもらいたいよ。毎日毎日、未来永劫《えいごう》、大鷲に生きたまま肝臓を食われる苦しみを味わうなんてあんまりだ。

プロメテウスが火を与えるまで、人間は夜は野獣をおそれ、火で食べ物を調理することも知らず、惨めな生活を送っていたのだ。それを哀れんだプロメテウスは人間に火を与えたおかげで自分はひどい苦しみを味わうことになったのだから、ギリシア系の人はプロメテウスに感謝しなければいけないだろう。私は日本人で、ギリシア神話なんか関係ないから、「あれま、なんて残酷な話なんだろう」なんていって面白がるだけだけど。

日本の火の神様といえば荒神様だが、荒神様は火を司《つかさど》る神様というだけで、人間に火をくれたわけではないようだ。くれたわけでもないのに、荒神様は火を粗末にすると祟《たた》るんだよな。その点、プロメテウスの方が立派といえるかもしれない。人間に火を与えたばかりにひどい苦しみを味わったのに、人間に祟ったりはしないんだから。

プロメテウスや荒神様という神様を作り出したところを見ても、人間にとっていかに火が大事なものであるかが分かろうというものだ。火がなかったら何でもかでも生で食べなければならないんだから、これは大変。魚は刺身でも食べられるけれど、米は生で食べると辛いですぜ。あなた、生の米を握ってその上に刺身を乗っけて「はい、にぎり寿司です」てなことといって出されたらどうするう？　って、そんなことはないか。

人類の食文化を一変させた鍋の出現

とにかく、まことに火はありがたい。火があってこその料理というものだが、ここで話は元に戻る。焼くという料理法は一番原始的なものなのだ。火の上、その周り、あるいはその中で食材を焼くのだから、こんなに簡単なことはない。

オーストラリアの原住民アボリジニーのおじさんに猟に連れていってもらったことがある。嘆かわしいことに最近のアボリジニーはブーメランなど使わず、散弾銃で鳥を撃つのである。私はせめて槍《やり》とか弓矢とかで鳥を仕留めてほしかったが、人間、便利なものにひきずられるのは仕方がない。そこのところは残念だったが、料理の仕方は二万年前と同じだと思った。

地面に穴を掘り、そこに木を積んで火をつける。火が消えて、木がおきとなると、そのおきを掘って仕留めた鳥を丸ごと入れて、その上におきをかぶせ、さらにその上にバナナではないがバナナの葉に似た幅広の木の葉で包むように覆《おお》う。それで一時間も待っただろうか。葉をはがして掘り起こすと、鳥はこんがりと丸焼けになっている。身をたち割ると、肉汁がたっぷりあふれ出る最高の焼き鳥に仕上がっている。焼き鳥というより蒸し鳥に近いか。

ね、これが、料理の原型なのだ。

オーストラリアでは、ダンパーという食べ物がある。これは、小麦粉を練ったものをやはりたき火のおきに放り込む。しばらく待つと、案配よく焼ける。その表面についた灰を手ではたいて、はふはふ言いながら食べるという寸法である。

これはオーストラリアに移民してきた開拓農民たちが食べたもので、一番原始的なパンの形だ。今でも、オーストラリア人はこのダンパーを懐かしがって、あるいは、子供のキャンプの時などに歴史の勉強として作って食べさせたりする。

焼き肉だって、原型はたき火の周りに串に刺した肉をかざして焼いたものだ。

で、何がいいたいかというと、焼くという料理は、火さえあれば簡単にできる。しかし、鍋料理はそうはいかない。なんてったって鍋がなければ鍋料理はできないんだから。

人間の歴史を見ると、鍋ができたのはかなり新しい。人間の道具作りは石器から始まったのだ。石器で鍋は作れない。土器を作る技術が生まれるのを待たなければならない。まずは、土器の鍋だろうな。それから青銅の鍋、鉄の鍋、と進化したわけだ。

そこのところをよく考えてもらいたい。人類の歴史の中で鍋で料理を始めたのはつい最近のことでしかないのだぞ。鍋が現れる前は、人間はものを食べるのに、生で食べるか焼くかしか方法はなかった。鍋ができてから初めて、人間はものを柔らかく煮て食べる、という素晴らしい料理法を手に入れたのだ。

鍋料理と煮物はどう違うのか

ここまでで、鍋の出現が人類の食文化の上で画期的なものであったことがお分かりいただけたでしょうな。

さて、これからが本番だ。鍋で普通に何かを煮た料理を鍋料理とはいわない。それはただの煮物だ。

たとえばフランス料理の、ポトフだ。ポトフとはフランス語では、pot-au-feu と書く。Pot は壺《つぼ》。feu は火。これからすると元々は火にかけた壺で煮込んだものかもしれないが、今ではポトフといえば、鍋で野菜や肉をじっくり煮た料理のことをいう。フランスの野菜は日本の野菜より味が濃いので、野菜と肉を煮ただけで実に美味しく仕上がる。しかし、これは鍋料理とはいわない。煮込み料理だ。

では、鍋料理が煮物と違うところは何か。

それは、既に煮て調理済みのものを食べるのではなく、これからものを食べようという人間の前に、食材が生のまま持ち込まれることだ。あるいは、京都のスッポン鍋のようにまだぐつぐつ煮えている過程のものを客の前に持ち込むこともある。要するに、煮える過程に、食べる人間が参加するのが要点だ。

煮物と鍋料理の違いは、その味の鮮烈さにある。アワビをじっくりと醬油で煮込んだのは旨い。極上の味である。しみじみと深みがあって、思わず頭が下がってしまう味だ。しかし、同じアワビを薄切りにして、目の前の鍋でしゃぶしゃぶにしたら、これはもう、その鮮烈なことといい、生命力溢れる感じといい、興奮の度合いが違う。

一切れ食べると料理屋の周りを一周してきたくなるほど興奮する。既に煮てしまって出来上がったものと、目の前で煮るのとではそこまで違う。目の前で今煮てすぐに食べる。この時間と距離が最短であることが、鍋料理の一番の特質だ。調理する場所と食べる場所との距離と時間は、短ければ短いほどよい。鍋料理は、その一番美味しいところを食べる工夫がされている料理法なのだ。

それに、煮物の場合、調理する人が味を付けてしまっているですな。ところが鍋料理の場合、食べる方の好みで味を付けることができる。たとえば、私の家では、鍋料理の時、娘が私の小鉢《こばち》を取って「ちょっとお父さんのたれの味、見させて」などといって持っていく。一口食べて、「まあ、同じ鍋料理なのに全然違う味」といって、小鉢を返す。「どうだ、お父さんの味付けの方が美味しいだろう」と私は威張る。ところが娘は、「私は自分の味付けの方が好きだわ」などと冷たいことをいう。さよう、この親の権威も通じない自由度を持つところが鍋料理の素晴らしいところだ。

翌日も使えるのがうれしい、鍋の残り汁

どうだ、皆の衆。これで、鍋料理が料理とはいえないどころか、極めて優れた料理法であることがお分かりいただけただろう。

ただ、この自由度の大きいところが時々問題を起こすことがある。そう。例の鍋奉行というやつだ。鍋料理は大まかな決まりはあるが、細かな決まりはない。そこで、自分の好みに合わせて鍋料理を仕切ろうとする人間が現れる。

以前私はこの「美味しんぼ塾」で、ラーメン・ライスの食べ方を私に教えてくれた大学の同級生のことを書いたが、それが単行本になったので大学の時の先生にお送りした。すると、先生はその友人の鍋奉行どころではない悪逆暴虐な所業を報告して下さった。で、私は、先生にもその友人にも無断で、その悪逆ぶりを書いてしまうことにする。

その友人の名を仮に「し」とすることにしよう。「し」は、大学院の時にその先生の研究室に属していたのだが、その研究室では集まりがあると鳥鍋を囲むことになっていた。で、鳥が煮えはじめると、「し」は鶏の腿《もも》を一つ取ってかじると「うん、これはまだ煮えていない」といってその腿を鍋に返す。

しばらくするとまた別の腿を取ってかじってやはり「あ、これもだめだ」といって返す。そ

れを繰り返すうちに、鍋には「し」の歯形のついた腿肉が増殖し、「し」の固有の領地が形成されてしまう。で、下級生たちは仕方がないから、「し」の領地以外の腿肉を争うことになるのだそうだ。ああ、何という悪逆な振る舞いであることか。私は同級生として、「し」の暴虐に泣かされた下級生諸君に申し訳ないと思うが、先生は心優しくも、次のようなことを付け加えて下さったのである。

「その暴虐に下級生たちが耐えたのは、『し』君が集まりの前に渋谷のパチンコ屋でチョコレートや菓子などを取ってきてみんなに配ってくれたからです」

しかしなあ、本当に下級生諸君はチョコレートくらいで我慢したかなあ。私は、下級生諸君の「し」に対する恨みは、未来永劫消えないと思うね。普通鍋奉行というのは鍋の味付けを支配したがるだけで、鍋料理の大半を自分の物として奪いとることまではしない。「し」は鍋奉行というより、鍋強盗ではないか。

それにしても、先生のおかげで、いいタネを仕入れた。これで、今度会った時「し」をとっちめてやることにしよう。

ま、こんな案配に、日本人は何かあると鍋にしようとなる。鍋料理のよいところはどんな食材でも鍋にすることができるところだが、更によいところは翌日も使えることだ。

私の家ではよく肉団子の鍋をする。これは、千代の富士関が横綱の時に九重部屋でご馳走になったちゃんこ鍋をそのまま頂いたものだ。作り方は簡単で、鶏、牛、豚、何の挽き肉でもよいからそれに、ネギと干し椎茸《しいたけ》のみじん切りを混ぜて団子にして、鍋に入れる。一緒に入れるものは、キャベツを大振りに切ったもの、油揚げを四半分に切ったもの。なんといってもちゃんこ鍋だから、豪快にやる必要がある。

私の家ではこれに、豆腐や、はるさめを入れる。味は醤油で付ける。これは、若い人にも喜ばれる。身体も温まるし、冬にはありがたい。さて、その肉団子の鍋が出ると、翌日の昼食が何か分かるのだ。それは何かというと、うどんである。肉団子鍋で残った汁で煮込みうどんを作るのである。

肉団子やら、野菜やらの旨さをたっぷり含んだ汁で煮込むのだから、そのうどんが美味しいのは当たり前。ただ、前の日のはるさめなどが、うどんに絡んで再登場したりすると、「ぐむ。わしら、貧乏くさいことしてるんじゃなかろうか」と思ったりするのだが、「何いってるの、美味しければ勝ちよ」という連れ合いの一言で、私は納得してうどんを呑み込むのである。

いやはや、鍋料理の楽しみはつきませんわい。

てんぷらの真価を味わうための無手勝流五か条

「てんぷら」と呼ばれたニセ学生

昔はニセ学生というものがいた。今もいるかもしれないが、昔ほどではないのではなかろうか。昔はニセ学生で商売ができたのである。

学生服を着て、たわし、歯ブラシ、石けん、ゴムひも（ゴムひもなんて言葉、知っている人はもう少ないだろうね）などを見ず知らずの人の家を訪問して売る。これが普通の姿をしていれば「押し売り」となるのだが、ニセ学生は着ている学生服が看板になる。さも真面目そうな態度で神妙に哀れを誘う口振りで「家が貧乏なので学資を出してもらえない。仕方がないからこうして物品を販売して学費を稼いでいるのです」という。

昔は「苦学生」という言葉もあった。働いて学費を稼いで勉強する学生のことをいうのだが、この「苦学」という言葉は大変に効き目があった。今の学生はろくなもんじゃないが昔の学生には価値があったから、「ああ、これからの日本をしょって立つ立派な学生さんが困っている。苦学生は助けてあげなくては」と本気になって同情して、普通の店より高い値段で、必要のないものまで買ってやる人が少なくなかったのである。

街角で、三角の袋に入ったピーナッツを売っているニセ学生もいた。世間の垢《あか》が染みこんで、目つき、表情のすさみきった三十過ぎのニセ学生もいた。さすがにそこまで行くとニセ学生稼業も難しくなる。

で、このニセ学生のことを「てんぷら」といった。てんぷらは衣をつけるから、外観からは中身がわからないことがある。転じて、外観と中身の違うものを「てんぷら」というようになった。ニセ学生の着る学生服はニセ学生にとって、てんぷらの衣である。学生服を着ているが中身はニセ物、そこでニセ学生を「てんぷら」と呼ぶようになったらしい。

私はこの学生服というのが大嫌いだった。学生服自体は優れた意匠だと思う。その証拠に私は『男組』という漫画で主人公たちにはすべて学生服を着せた。池上遼一さんの描いた『男組』の主人公「流全次郎」と「神竜剛次」の学生服姿はほれぼれするほど美しかった。

問題は私には似合わないことだ。学生服だの軍服などは、きりっと引き締まった顔の人間にはよく似合うが、私のようににやけた顔の人間が着ると、実にだらしなく見える。私は母に、「いつもそんなに、にやにやしていると馬鹿だと思われるから、ちゃんとした顔をしていなさい」とよくいわれたものだ。

自分で産んでおいてなんて酷《ひど》いことをいう母だろう。どうも、私は生まれつき気が弱く、控え目な性格で、人に対して強く出ることができず、ましてや人と争う勇気など持ち合わせず、強い相手からにらまれたりしないように卑屈に笑って身を守る癖がついてしまい、その結果こんなにやけ顔になってしまったのだろう。

小学校から高校まで同級だった「み」君は成績優秀、運動も万能選手、品行方正という優等生の典型だったが、中学生の時一緒に並んで撮った写真を見て私は死にたくなった。「み」君はきりりと引き締まった表情で学生服もよく似合っているが、私はといえば、相変わらずのへらへらでれでれ面で、着ている学生服もだらりと見えて全体に実に情けない。もう、この時点で人生は決まった、と思った。大学に入ったら学生服を着なくてよくなったので本当に嬉しかった。

まず、衣は厚すぎても薄すぎても駄目

学生服などという衣は私にはありがたくも何ともないが、てんぷらの衣は、これは重大問題

てんぷら学生

だ。

素人の料理好きの中には客を招《よ》んで自分の手作りの料理を食べさせるのが趣味の人が少なくない。それはいいのだが、本職の料理人の料理を真似て同じようなものを作ろうとする人がいて、これはとても困る。

本職の料理人は命がけで修業をして（そうではない者の方が多いが、ここでは一応そういうものとしておく）お客に満足してもらってお金を払ってもらうために、技を磨き創意工夫を凝《こ》らす。素人が真似をしてできるものではない。それを無理に真似をして作るから食べさせられる方はたまったものではない。

作る方は自慢で鼻の穴を広げるが、食べさせられる方は喉《のど》が詰まる。逆に素人には素人にしかできない料理がある。本職は、お客からお金を取れる料理でないと困るが、素人はその必要がないので、「旨けりゃいいじゃないか」という料理を作ることができる。

で、てんぷらだが、これほど難しい料理は滅多にない。てんぷらダネに衣をつけ、油で揚げるだけなら誰でもできる。しかし、本当に美味しいてんぷらとなると、これは、容易ではない。この広い東京に本当に美味しいてんぷらを揚げることのできる料理人は何人いるだろうか、と指折り数えて不安になるくらいに難しい。ましてや、素人の手に負えるものではない。

食材に熱を加えると、食材の味が活性化し、香りも立つ。その味と香りを衣で包み込んで、外に逃さない役目をするのがてんぷらの衣だ。てんぷらを噛んだ時に、衣がさっくり割れて中からぎんぽ、はぜ、松茸、などの味と香りが立ちのぼる。その瞬間がてんぷらの命だ。

衣は厚すぎても薄すぎて駄目、からりさっくりと揚がっていなければならないが、時間をかけすぎて食材が固くなったり、味や香りが抜けても駄目、油の味がしたら駄目、あっという間にしんなりなってしまうようでは駄目、妙にかりかり固いのも駄目、と文句をつけはじめるとてんぷらなんか食べていられなくなる。

てんぷらは充分に引き出した食材の旨さを衣で包み込んで逃さない、という大変に巧みな料理なのだが、それが一見簡単なだけに難しいのだ。

私も気が向けば友人たちにステーキを焼いてやったりするが、てんぷらだけは自分で揚げて人にご馳走する勇気はない。もちろん、自分と家族のためだけなら別である。私は砲金《ほうきん》製の極上のてんぷら鍋を持っている。腕もないくせに上等の調理器具を持ちたがるところが、素人の浅ましさだ。

最近私は大変に無精になり、料理はすべて連れ合い任せだ。気がつくと、連れ合いが私の大事なてんぷら鍋を持ち出して、手早くてんぷらを揚げてしまう。この間揚げたキスは最高だった。ニンジン、ゴボウ、じゃがいもの細切りなどを使ったかき揚げは、むしろてんぷら屋では味わえない家庭のお総菜のみが持ちうる、心安まる美味しさだ。

てんぷら屋のてんぷらと家庭のお総菜のてんぷらの違いは、お総菜の場合、他にもご飯のおかずがつくが、てんぷら屋は最初から最後までてんぷらだけで勝負しなければならないことだ。素人のてんぷらは四つか五つ食べればそれで充分ということになる。てんぷらだけで飽きさせないのが本職の腕なのであって、それは素人には無理な相談だ。

昔、ある大会社の社長が自分の家にてんぷらを揚げるための座敷を作り、大事なお客は自分の家に招いて、そのてんぷら座敷で、自分でてんぷらを揚げてもてなす、と聞いたことがある。話に聞いただけであって、自分で食べたわけでもなく、食べた人から感想を聞いたわけでもないが、直感的に（こういう場合の直感というのは、往々にして単なる偏見であることが多いが、私の場合、その直感が大変によく当たる）そういうお座敷てんぷらには招かれたくないと思った。

てんぷらと天丼は別物と心得よ

いわゆるてんぷらと、天丼は、まるで別の料理のように私には思える。

てんぷらは天つゆや塩味で、さっくりした衣の感触を楽しむが、天丼の場合はせっかくかりっと揚げたてんぷらをたれにくぐらせ、熱いご飯の上にのせ、どんぶりの蓋《ふた》をして蒸らしてしまうから、食べる時にはてんぷらはしんなり柔らかくなっている。

それでは、てんぷらの本来のありがたみが失せるというものだが、天丼とてんぷらは別物と考えれば話は違ってくる。

私は天丼が大好きで、あの甘辛いたれの味が好きだ。関西の人間は関東の味は甘辛くて下品だというが、天丼とそばつゆとうなぎについては、関西の人間の味覚は駄目である。

天丼に薄味のたれなどかけられたら、たまったものではない。天丼に使うてんぷらの衣は、普通のてんぷらよりも厚めになっていて、そのほうがたれの味をよく吸収して具合がよい。天丼の場合はてんぷらと違って油の味がした方がうまいから、衣は厚い方がよいのである。

しかし天丼といってもピンからキリまである。よく雑誌や本で取り上げられる天丼で有名な店がある。行ってみたら、壁にその店を取り上げた雑誌の切り抜きが一面に貼ってある。さらに、その店を紹介した雑誌や本が並べてある。それを見ただけで、頭の中で赤信号が点灯したが、悪い予感というものは当たるもので、案の定出てきた天丼は食べられたものではなかった。

大味で大きな大正エビのてんぷらが二つ乗っているだけの天丼で、肝心のてんぷらがまず最低、たれの味も最低。ご飯も最低。呆れはて、腹が立った。空腹の時にまずいものを食べさせられることほど腹の立つことはない。連れ合いにいわせると、そういう時の私の顔は凶悪犯罪者の顔つきになるそうである。

私は、こんなものを作る人間に何をいっても仕方がないと思ってそのまま出てきたが、ある時ある人がたまりかねて、まずい、とその店の主人に文句をいったそうである。すると、その店のあるじは、壁に貼ってある雑誌の切り抜きを見せて、こんなにあちこちでほめられているんだから、まずいというお前がおかしいと居丈高に抜かしたという。

私は以前から奇怪なことだと思っているのだが、雑誌や本で美味しいと書かれている店で美味しかったことはまずない。あのような店の紹介記事を書く人はどういう料簡《りょうけん》をしているのだろうか。たいていの週刊誌には、毎週美味しい店の紹介がグラビア・ページに料理のきれいな写真付きで掲載されている。週刊誌だから一年間に五十冊出る。それも、何年も続いているから、美味しいという店が主に東京だけで百も二百もあることになる。冗談いっちゃいけない。私は東京で食事をする度に行く店がなくて困っているんだ。無責任な記事は載せないでもらいたいものだ。

ホテルの中の食べ物屋はまずいものと相場が決まっているが、帝国ホテルの地下のてんぷら屋の天丼は旨い。ちょうどよい大きさの巻きエビ、シロギス、アスパラガス、椎茸、小さなかき揚げが乗っている。椎茸の裏にはエビのすり身が盛ってあって丁寧だ。しかし、最近私は自分の衰えを知って愕然《がくぜん》となった。

というのは、以前はその天丼に、アナゴを別に揚げて乗せてもらっていた。それが、最近はアナゴを乗せてもらうことがなくなった。それだけ食欲が衰えたということだ。食欲がなくなってては人間はおしまい。私ももう駄目だ。早く引退しよう。

偉大なり、揚げ玉

てんぷらを揚げると、揚げ玉が副産物として出来る。これがなかなかのくせ者だ。

私は若い時には麺類《めんるい》のような軟弱なものは食べられなかった。三十もいくつか過ぎて初めて麺類を食べられるようになり、今は大好物であるが、「たぬきうどん」というものの存在を知った時は驚いた。

きつねうどんは油揚げを入れるが、たぬきうどんは揚げ玉を入れる。私は、なんというけちくさい食べ物だ、と心の底から軽蔑した。

揚げ玉は「天かす」ともいう。てんぷらを揚げた時に衣の端がちぎれて勝手に出来たもので、てんぷらを揚げる時には、網ですくい取って捨てるものだ。その「天かす」を、油揚げの代わりに使ってたぬきうどんとは、本当に人を化かすものだと思った。

それが、人間というものは変わるものですね。私は今ではたぬきうどん、たぬきそばが大好き。たぬきうどんを食べるために、連れ合いに揚げ玉だけを作ってもらう有様。

私の家では揚げ玉を、てんぷらをした時に出来たものを取っておいて使うなんてけちくさいことはしない。たぬきうどんを作ろう、ということになって、急遽《きゅうきょ》てんぷら鍋にまっさらのごま油を入れる。それから卵を溶いた小麦粉を適当な柔らかさにして、ぴっ、ぴっ、と油の中に振り込んでいく。見事な揚げ玉が次々に出来てきますね。

そしてカツオ節を効かせた出汁を張ったどんぶりに茹でたてのうどんを取り、そこに、揚げ玉をどっさり入れる。ネギのみじん切りも入れる。まあ、その香りのよいことね。ぷんぷんと新鮮なごま油の香り、ネギの鼻につんと来る香り、カツオ節の香り。そしてうどんの腰のある味、艶《つや》のある色合い。もっちりした歯ごたえ。

これを、ざっぱ、ざっぱとやっつける。

この大きめに作った揚げ玉に塩を振ると、ビールのおつまみとしても上々。けちくさいどころか、偉大なり、揚げ玉、である。

天つゆがよいのか、塩がよいのか

てんぷらを食べるのに、天つゆがよいのか塩がよいのか、大変に迷う。

せっかくさっくりと揚げたてんぷらを天つゆにつけるのは、もったいない気がする。もちろん、さっと天つゆをくぐらせて間髪を入れず口に入れれば、衣のさっくりとした感触は失われずにすむが、それでも、何だかもったいないという思いは消えない。

その点、塩をつけて食べれば衣はからりさっくりとしたままだが、今度は何だか物足りなく思えてしまう。

とはいえ、自分で迷うのはいいが、料理人に「これは塩で」などといわれると、ちょっと、むかっと来る。こっちは天つゆか塩かで悩んでいるのに、その私の悩みも知らずに、勝手に決めこむなよ、といいたくなる。

もっとも、話に聞くと、ラーメン屋のあるじの中には客に向かって、ラーメンを食べる時に口をきくな、と命令したり、汁を残すと怒る手合いが少なくないそうだ。それに比べれば、「これは塩で」などといわれたくらいでむかっとなったりしてはいけないな。

てんぷらの種で一番よいものは

ぎんぽはいい、はぜもいい、めごちもいい、きすもいい、松茸もいい、ほたてもいい、上等の豚の薄切りもいい、ぎんなんもいい、ああ、切りがないから、これでおしまい。

野菜嫌い、変じて野菜の旨味を語るの巻

日本人を興奮させる炊き込みご飯といえば

私が熱狂的に愛するのが豆ご飯だ。いわゆるグリーン・ピースを炊き込んだご飯なのだが、これを目の前にすると、実に嬉しくて幸せな気持ちになる。真っ白なご飯に大粒のエメラルドのようなグリーン・ピース。その美しさが、まず、目を楽しませる。一口頬張《ほお》ると豆のよい香りが鼻に抜け、噛むと豆の甘さとご飯の甘さが溶け合って、ああ、極楽、という感じになる。

この豆ご飯は、実はおかずはいらない。塩を少々振りかけるだけでよい。なまじおかずと一緒に食べると豆ご飯の風味を壊すのだ。

最近、外で仕事しなければならないことがあって、外食の苦手な私は、連れ合いに、前の晩

の豆ご飯の残りでおむすびを作ってもらって出かけた。そのラップに包んだおむすびを電子レンジで温めて食べたが、ああ、その美味しさ。私は、むは、むは、と眼を見開いてむさぼり食べた。豆ご飯のおむすび、こんな素晴らしいおむすびはないと私は断言する。

このように美味しい野菜を炊き込んだご飯というと、まずタケノコご飯は外せない。早春のあの気持ちのよい気候の時期は、人間だけでなくタケノコもやはり気持ちがよいのだろう、すくすくと伸びる。それを早めに刈りとってご飯に混ぜて炊いてしまう。

タケノコにはえぐみがあるなどという人があるが、それは、本当のタケノコを食べたことがない人の言い草である。綺麗《きれい》に手入れの行き届いた竹林の地面に、周りにうっすらと積もった竹の葉を下から持ち上げるようにタケノコの頭が出かかる。この、頭が出かけている時期がタケノコの一番美味しいときであって、地面から頭が出てしまってはもはや最高の味は味わえない。

その、地面から頭が出かかった頃合いに取ったタケノコはその香り、甘さ、味わいの深さ、竹をパンダだけに食べさせておいてなるものか、と熱狂的に私たち日本人を興奮させるものである。

私は、告白すると、一番好きな料理は中華料理であり、中国人の料理に対する情熱に深い共感を抱く者であるが、タケノコに関しては中国人は駄目だね。中国の一番美味しいといわれている料理屋（これが、実に不思議なことに広東にも、上海にも、北京にもあるんですよ。中国一番という料理屋がね）でなぜだかタケノコが出ることがあるんだが、このタケノコが、単にタケノコというだけで、日本のタケノコのような、香りも味わいもない単なる繊維質の食品であることが多いのである。第一細いや。

それに、繊細な味わいであるタケノコ料理にやたらに強い味付けをする。それでは、タケノコの真価は分からない。

しかしだ、この炊き込みご飯といえば、なんといっても松茸ご飯だ。

よく、日本人は松茸をありがたがりすぎる。松茸なんて、ただのキノコだ。などという人がいる。

そういう人は、本当の松茸を味わったことがないか、嗅覚と味覚に重大な欠陥を持った人か、そのどちらか、あるいは両方であって、直ちに、病院に行くか、それとも松茸については何もいわないという選択をとるか、そうする以外に生きる道はないと思う。

よく、香り松茸、味シメジ、という。松茸は香りはよいが、味はシメジの方が上だというのである。松茸とシメジは似たところがある。両方とも、松茸であれば松の木、シメジであれば広葉樹の周りに菌糸を成長させ、菌糸からキノコが生長してくる。松茸もシメジも生えてくるのは、木の周囲の地面の上である。で、本当に「香り松茸、味シメジ」なのか。私は両方とも

中国的筍

じっくりと味わったが、私の好みでは、「香りも味も、松茸」である。

ところで私が今シメジといっているのは本物の「本シメジ」のことである。今、そこらで売られている「本シメジ」と称されているものは実はヒラタケというキノコであって、本物の「本シメジ」とは縁もゆかりもない。

今「本シメジ」として通用しているのは、何十本ものキノコの根が一緒に固まって全体として傘《かさ》のような形になっているが、本物の「本シメジ」は一本ずつ独立した形をしている（注意しなければいけないのは「一本シメジ」という毒キノコがあることだ）。

日本人は、実にいい加減な国民である。日本酒にアルコールを添加した酒を「本醸造」という。化学調味料たっぷりの出汁を「本だし」という。「本当とは嘘のこと」。こんなことがまかり通る国の民度はかなり低いといわざるを得ない。

他のキノコ、たとえば椎茸などは椎の木などの幹、それも倒木や切り出したものに椎茸菌が取りついて繁殖して椎茸を作る。このようなキノコは腐朽菌（木材腐朽菌）といって、死んだ木の幹にじかに生える（生きた木に生えるキノコもたくさんある）。

木の幹にじかに生えるキノコと、地面に菌糸を充分に伸ばし、その菌糸のある箇所から生える菌根菌型のキノコとでは、味の力強さと味の深みが違うようである。菌根菌の場合、菌糸の中心になる木は生きていなければならない。そこが、椎茸などの腐朽菌との大きな違いである。

しかし、オーストラリアの椎茸の普及の度合いは大したもので、この十年間で「シイイタキ(彼らは椎茸をシイイタキという)・マッシュルーム」はどのスーパーにも並ぶ人気商品になってしまった。何でも、ある大学の教授が日本から持ち込んだそうだが、その人間は椎茸栽培で今や億万長者になったという。私も、まさかオーストラリア人が椎茸好きになるとは思わなかったし、何よりこんなに中国人と韓国人がオーストラリアに増えるとは思わなかった。その辺のところに頭が回れば、私も椎茸栽培でオーストラリアで億万長者になれたところだが、私のように頭のとろい人間は駄目だなあ。

オーストラリアの野菜事情

オーストラリアの話が出たついでにオーストラリアの野菜事情を話してみよう。概してオーストラリアの野菜は美味しい。ピーマンは肉厚で大変に甘い。ニンジンも色濃く甘い。タマネギも、キャベツも、美味しい。総体的にいって日本の野菜より味が濃い。

しかし、オーストラリアの野菜にも泣き所がある。

まず、ナスである。これは大きくて皮が厚くて固くて実もぱさぱさしている。ぬか漬けなどにしたらとてものことに食べられない。油で揚げるか、ぐたぐた煮込むかしかない。

ネギも駄目だ。西洋のリークというネギもどきのものがあるが、平べったく固く我々の料理法には全く合わない。中国人や韓国人が多いので、ワケギはあるが、ワケギはワケギであって、ネギではない。ワケギは細く、味わいが乏しい。日本のネギの、太くてねっとりとした甘味を持ったネギとはものが違う。

大根も駄目だ。あることはあるのだが、日本の大根のように太く長く、甘味がたっぷりあるものとは天と地ほどの差がある。苦味があり甘味がない。日本の大根だったら、大根おろしをご飯に乗せ醬油をかけただけでうはうはいう旨さだが、オーストラリアの大根で作った大根おろしでは、その旨さがでない。しかし、ないものは仕方がない。そんなまずい大根おろしで食べていますがね。

トマトも駄目だな。日本のトマトのように甘く味が濃いということがない。二年ほど前まですぐ近くに気のよいイタリア人の八百屋のおやじがいて、そのおやじは私たちのためにいつもトマトを一箱用意してくれていた。これは、おやじと仲のよいイタリア人の農家が作るトマトで、飛びきり味が濃く甘くて美味しかった。

しかし、そのおやじが引退して他人に店を売ってから、その美味しいトマトを食べられなくなった。連れ合いは、それまでイタリア人のおやじのところに定期的に顔を見せないとおやじが文句をいうし、行くたびに、一箱トマトを買わせられるので、「私、いい鴨になってるのかしら」などと膨《ふく》れていたこともあったが、今となっては、あのイタリア人のおやじがいなくなって、困った困った、と嘆いている。今、オーストラリアで比較的美味しいのは、オックス・ハート（牛の心臓）というトマトで、これは文字通り牛の心臓の形をしている。これは、実もしっかりしていて味わいも濃い。

野菜ではないが駄目ついでにいうと、オーストラリアのイチゴは絶望的である。大きくて真っ赤で見た目には非常によいのだが、ひどく固く、まるで甘味がない。

日本のイチゴならさじの裏で簡単に潰《つぶ》せるが、同じことをオーストラリアのイチゴですると、さじの柄が曲がるか、さじを持つ指の関節を捻挫《ねんざ》する。仕方がないからナイフで小切りにして食べる。連れ合いがオーストラリアの友人に、どうしてオーストラリアのイチゴは甘くないの、と尋ねたら、「おお、それは砂糖をかけて食べるのよ」といわれて驚いていた。当然、私はオーストラリアのイチゴを食べるときには、牛乳をかけ、砂糖をたっぷりかけて食べる。日本の爽《さわ》やかなイチゴの味わいは味わえない。

不思議なのは、日本から、フジ、なし、椎茸、ワサビ、サクランボウ、などを持ち込む、極めてはしっこいオーストラリア人がどうして日本のイチゴを持ち込まないのだろうか。こうなったら、私が自分でイチゴ園を開くかな。億万長者になったりして。ふ、ふ、ふ。

てんぷらも佃煮も美味しいフキノトウ

結婚した当座は連れ合いに向かって「おれは死ぬまで野菜を食べずに健康に過ごしてみせる」と豪語していた私だが、年をとると野菜の旨さが分かってくる。世界が広くなってありがたい。

とくに、山菜というやつに目がない。

中でも、たらの芽とフキノトウがたまらなく好きだ。

最近はたらの芽も畑で栽培しているが、山に生えているたらの芽は取るのに厄介《やっかい》だ。たらの枝には凶悪なトゲがたくさん生えていてうっかり握るとひどい目に遭《あ》う。しかも、たらの芽はその枝の先にぽつんとついているのである。やはり、栽培物より、山でとってきたたらの芽の方がアクが強くて美味しい。

フキノトウは、見た目が可憐《かれん》だ。まだ雪の残っている十和田湖の湖畔でその雪をはね上げて頭を出したフキノトウの美しさを見た時の感激は終生忘れることがないだろう。

フキノトウはたらの芽同様、てんぷらにすると、言葉もでないほど美味しいが、刻んで佃煮にしておくと、これがまた、食べるたびに涙ぐむほど美味しい。

私は、大変に身体が弱く、しょっちゅう胃腸の具合を悪くしてお粥《かゆ》を連れ合いに作ってもらうことが多い。身体の具合が悪くなくても私はお粥が好きで、わざわざ中華街までお粥を食べに行くほどだ。そのお粥に、フキノトウの佃煮がよくあうんだよ。あのほろ苦さが、胃袋を優しくなだめてくれて、ジーンと来る。

フキノトウの佃煮にお粥だぜ。ああ、日本に生まれてよかったなあ。

フキノトウだけでなく、フキ自体も私は大好物。

これは、カツオ節の出汁をたっぷり効かせて薄味でさっと煮る。フキに醤油の色などしみ込ませてはならない。あの、鮮やか緑色を保つのだ。その中空のフキを食べていると、ふと子供の頃食べた、スカンポを思い出すことがある。

スカンポなんて、最近の若い者には分からないかもしれない。虎杖（イタドリ）という、人の腰の丈《たけ》くらいに延びる野草であって、茎が中空になっていて、まるで若竹のような感じになっているものをがしがし齧《かじ》るのである。味は単純に酸っぱい。齧ると、酸っぱいスカンポの汁が口中を満たす。心底美味しいと思ったわけではないが、なにしろ、口に入るものであれば何でもよいという貧しい時代だったので、私たちは争ってスカンポを齧った。

驚くのは、フランス料理で、そのスカンポ、虎杖（イタドリ）を材料に使った一皿を作るシェフがいることだ。私のように、まともに食べるものがないから仕方がなく齧るというのではなく、スカンポをみょうてけれんに高級な料理の食材として使う。

これは、スカンポにとって大いなる出世と祝うべきなのだろうが、我々、あの貧しい時代に一緒に野原で遊んでいた人間が突然貴族に成り上がったような気がして、スカンポなどと気楽に呼べずに、ムッシュー・スカンポ、などと呼ばなければならないのかと思うと、「おめえ、そうじゃなかんべえ」などと唇を尖らせたくなるのである。

そのフキを上手に煮て、砂糖衣を付けて御菓子にしたものがある。

これには実に感心した。ちゃんとフキの独特の香りがする。フキの身がゼリーのようになっていて口当たりがよい。フキを御菓子にしてしまうという発想の凄さに感嘆した。

これは前にも書いたが、鎌倉の「みすず」では、ゴボウの周りにこしあんを巻き付けた「おさの音」という御菓子を作る。これは二月だけにしか作らない。

もしも二月に鎌倉に来ることがあったら、「おさの音」を逃さないように。

今私は鎌倉の実家に滞在している。鎌倉には、農家が自分の作物を直売する市場が昔からある。さて、この原稿を仕上げたら、夕食だ。今夜は、どの農家の、どんな野菜が食卓に並ぶのかな。

ああ、野菜嫌いだった私が野菜を楽しみにするようになったのだからえらくなったもんじゃありませんか。

それとも単に老衰ですかね。と、ほ、ほ。

酒の肴は、ご飯のおかずになるのか

日本独特の食文化といえる酒の肴

酒の肴《さかな》といった時の酒は、日本酒でなければなるまい。

もともと、酒といえば日本酒のことだったはずなのに、明治維新以後外国から様々なアルコール飲料が入ってくると、それらも一まとめにして、酒、と呼ぶようになってしまった。ウィスキーも酒、ビールも酒、ワインも酒、と我が偉大な民族の宝物である酒の名を貸してやって酒と呼んでしまうところが日本人のいい加減というか、でたらめというか、ちゃらんぽらんというか、まあ、日本人らしさの発露であるわけだ。しかし、おかげで大変に面倒くさいことになってしまっている。酒をわざわざ日本酒と断らなければならないのは不都合千万ではないか。

しかし、いくら寛容な日本人でも、「酒の肴」といった場合の酒は、本来の意味の酒、すなわち「日本酒」である、と敢然として純乎《じゅんこ》たる日本文化擁護の立場を堅持してもらわなければならぬ（なんだか、国粋主義っぽくなってきたな。でもね、外国に長く住んでいると、どうしても愛国的になってしまうんですよ）。

で、ここで改めてきちんとしておこう。少なくとも今講において酒といえば間違いなく「日本酒」のことである。ここから先、わざわざ「日本酒」などという、いい加減な表記は用いない。よろしいか、酒といったら酒だ。ウィスキーやワインは酒と同じくアルコール飲料であるが、酒ではない。

というのは、「酒の肴」という概念は酒あってこそ成立するものだからだ。「酒の肴」は、酒の旨さ、楽しみをより多く引き出すために工夫された日本独特の料理の形態なのだ。

それは、酒が本来持つ性格によるものだ。酒は魚介類と一緒に飲んでもワインなどと違って生臭さを引き出すどころかその旨みを増幅するし、肉でも魚でも野菜でも何にでも合う。守備範囲が、ワインなどより遥かに広いのだ。酒がそのように優れた性質を持っているからこそ、酒の肴という食文化が日本において成立したのである。酒でなくて他のアルコール飲料だったら、こんなに豊かな酒の肴文化が成立することはなかっただろう。

酒の肴は家庭の幸福の元である

私は、日本でも外国でも食品市場というところが大好きで、市場に行くと興奮します。あれも買いたい、これも買いたい、じたばたする。で、考えてみたのだが、その時私の頭の中にあるのは、「これを、こう料理すれば、酒の肴に最高だな」ということだけ。本当にそれだけ。私の連れ合いは、当然、ご飯のおかずとしての料理を考えているから、時に、市場で二人の意見が合わないことがある。

たとえば、魚市場で日本のイイダコに似た小さなタコを見つけるとする。私は、「お！ これ行こう。これをな、甘辛く煮付けるんだ。最高だぜ」とはしゃぐ。すると、連れ合いは「うーん。タコはねえ」などと、気乗りしないことをいう。この二人の不一致は、ひとえに私は小ダコを甘辛く煮付けたもので酒を飲みたいと考えているのに対して、酒が一滴も飲めない連れ合いは酒の肴の方に頭が行くはずがなく、それではどうも家族のご飯のおかずにならない、と考えているからに他ならない。

と、こう書くと、上戸の夫と下戸の妻の組み合わせで家庭内不和が生じるのではないかと心配下さる向きもあるかと思いますが、どうぞご安心下さいませ。私の連れ合いは、酒の肴のたぐいを好物としております。ご飯のおかずとしても大変合うといっとります。

そりゃそうだ。筋子、ウニの塩漬け、イカの塩辛、これらのものは酒の肴として本領を発揮するが、実はどれも熱いご飯に乗せたら、これまたたまらなく旨いよね。考えてみたら当たり前の話で、酒の原料は米だ。酒に合うものがご飯に合わないわけがない。そんな訳で、我が家では酒の肴とご飯のおかずがごっちゃになって、家族全員が楽しめる食卓になっているのだ。

さあ、突然、今講の結論に早くも導かれてしまったぞ。その結論とは、

「美味しい酒の肴を作るということは、酒飲みも、酒を飲まない代わりに飯を山盛り食べる者も、両方共に喜ばせることである。したがって、酒の肴は家庭の幸福の元である」

と来たもんだ。いや、我ながら見事だな。これで、堂々と家族みんなのためといって酒の肴を作ることができるではないか(誰だい？　酒飲みってのは、酒を飲むことを正当化するためには何でもいうなんていってるのは)。

簡単にできる薩摩揚げの作り方

先日、友人たちと釣りに行って、鯛《たい》、鰺《あじ》、まごち、黒鯛、などトロ箱二つほどの大漁になった。友人が電話を掛けると、シドニーの日本料理店の料理人数人が駆けつけて料理をしてくれた。してもらうだけでは申し訳ないので、私が鯛の薩摩揚げを作った。これが、実に簡単にできる上に酒の肴として申し分がない。

作り方を簡単に教えましょうか。シドニーでは、鯛なんかいやになるほど釣れるから鯛だけで薩摩揚げを作るという贅沢《ぜいたく》をやってのけるが、日本ではなかなかそうは行かないだろう。であれば、鯛でなくても白身の魚なら何でもよい。ウマヅラハギなどは、美味しい魚なのに、そのウマヅラという名前のせいで、物の本質より虚名と見てくれにとらわれる日本人によって不当に低く扱われている。ということは値段が安い。狙い目ですな。ウマヅラに限らず、安くて白身で身の締まった魚はいくらでもあるはずだ。

その魚の身を小さく切ってフード・プロセッサーにかける。フード・プロセッサーがなかったら、俎板《まないた》の上で細かく徹底的に叩いてから、すり鉢でする。その際に、必ず必要なのが塩である。タンパク質に塩を加えて練ると粘りが出て糊状《のりじょう》になる。これを、塩ずりという。

市販のかまぼこや薩摩揚げには粘りを出すために添加物を加えるが、それは質の悪い魚肉を使い簡単に大量に作ろうとするからで、良質の魚を使えば、添加剤など必要はない。塩だけで充分なのだ。だいたい、添加剤などなかった昔から、かまぼこも薩摩揚げも作られてきたことを忘れては困る。添加剤を入れる現在の姿が本道から外れているのである。

ま、塩を入れてしばらく練っていてご覧なさい。びっくりするほど粘りが出てくる。そのままではさびしいので、長ネギのみじん切りとおろし生姜《しょうが》を加える（私は、魚の味を純粋に楽しみたいので、そんなものしか入れないが、好みで、にんじん、ゴボウ、ひじきなどいろいろ入れるのも面白い)。
充分粘りの出たすり身を親指大に丸めて(もちろん、小判型にしてもよいが、初心者は最初からあまり大きな形にしない方が無難だ)、てんぷらを揚げるのと同じくらいの温度の油で揚げる。途中箸《はし》でひっくり返して、両面がきつね色になるようにする。

簡単でしょう。白身の魚の身をすっただけですよ。それなのに、その揚げたての味と来たら、食べた人は必ず、ぷはーっ! たまんねえっ! などといいます。ふっくらしていて、歯ごたえがプリンプリンと弾力がある。香りがかぐわしい。旨みが純粋だ。おお、薩摩揚げって、こんなに美味しいものだったのか、と食べた人は興奮する。

で、このものは、当然酒の肴に最高だ。酒を一口飲む。酒の旨みの余韻の消えかかる頃に薩摩揚げを一口ぷっつんとかじる。魚の甘み、油の香ばしい香り、気持ちよい歯触り。これらの快感が、酒の余韻の後を追って、口中に広がる。この、薩摩揚げの旨さが酒の旨さをふくらませてくれて、ようし、もう、今日はどんどん飲んじゃうっ、と気分を高めて更に酒を誘う。これぞ、酒の肴の本領だ。

で、そのままぐいと薩摩揚げを呑み込んで、ふぇーっ、うめぇーっ、などといってから口のはたを手の甲で拭い、一呼吸見計らって、新たに酒を一口口に含む。するとですな、呑み込んだ段階で薩摩揚げの楽しみはこれまでと思っていたのに、驚くべし、実はもう一段奥深くに薩摩揚げの美味しさと香りが隠れていて、それが酒の力によって引き出され、力一杯立ち上がってきて口中に広がるではありませんか。薩摩揚げの旨さを二度味わえるわけだ。それも、旨みのひとかけらも残さずにだ。

ここに至って深く思いを致さねばならぬ。酒の肴は酒の旨さを引き出すためのものだと私はいったが、それは間違いですな。酒も、その肴の旨さを底の底まで引き出すのである。酒も肴も相手に奉仕するだけではない。お互いに相手の価値を高め合うのだ。ああ、いいな。人間関係もこうありたいものだ。お互いの個性を認め合い、人格を尊重し、その上で互いに協調して、一人だけでいるより二人でいる方がお互いに遥かに素晴らしい人間としての深みと幅を獲得する。友情も、夫婦愛も、同志愛も本来そうあるべきだな。酒と肴の関係を見習うべし。あ、いかん、いかん、ただの酔っぱらいのくせにえらそうなことをいってしまった。これは酒がまずくなるな。このあたりは飛ばして読むように。

で、この薩摩揚げだが、酒が一滴も飲めない私の連れ合いも、子供たちもご飯と一緒に喜んで食べる。まあ、試しに、一口かじってご飯を一口やってご覧なさい。思わず、頰《ほお》がほころびます。口の中にまだ入っているうちに、誰かに取られないようにと慌てて次の一個に手を伸ばします。これは、酒の肴、飯のおかず二役を務める律儀者だ。

もう一つの小ダコだって、甘辛に煮たものはそれでご飯をかっこむのにはあまり向かないが、一つのおかずを食べて次のおかずに向かう間に、箸休めとして食べると、気分が変わってまた食欲が増す。もちろん、酒の肴にもってこいであることはいうまでもない。

絶対酒の肴にはならないもの

と、こんな具合に酒と酒の肴の幸福な関係の一端を述べてみたが、世の中には酒を飲むときに酒の肴など一切いらぬという人も少なくない。昔は見事な人がいた。「酒の二合や三合くれえ飲むのに、肴だなんだとぐたぐたいうんじゃねえ」と、コップ酒をきゅいきゅいと二三杯引っかけ、あら塩をひとつまみ口に放り込んでそれでおしまい。私も真似をしたら、そのあと腹がへって腹がへって、いつもの数倍肴を食べてしまったのはどうも格好が悪かった。

昔、「戦争と人間」というソ連製の映画があった。ソ連の一市民が兵隊として戦争に取られ、ドイツの捕虜になって苦労して、戦後家に帰ってくると、妻も子供たちも全員戦争の犠牲になって死んでいる。やがて、主人公は戦争で家族を失った戦争孤児と出会い、お互い家族を失った者どうしで生きていこうと抱き合って終わる。

その最後の場面で観客は全員ぼうだの涙を流す仕掛けになっていたのだが、私に強く印象に残っているのは、捕虜《ほりょ》収容所の中での挿話だ。主人公は反抗的だということで、収容所長のもとに呼ばれ、その場で射殺されることになる。そこで、ナチスの将校たちが末期の水の代わりに末期のウォッカを主人公に振る舞う。

二百CC以上は入る大きなグラスになみなみとつがれたウォッカを一気にぐいっと飲み干した主人公は、平然としてグラスを返す。その飲みっぷりに感心したナチスの将校がカナッペをすすめると、主人公は、「たったこれくらいのウォッカで、肴なんかいらない」という。それではと、ナチスの将校がもう一杯つぐと、主人公はそれも一気に飲み干して、また、カナッペなんかいらないという。

意地になった将校がさらに一杯か二杯飲ませる。すると、さすがに、主人公はカナッペを一かじりかじる。将校たちは感心して、主人公の命を助けてやる。その後、おみやげにもらった棒状のパンを抱えた主人公は完全に酔いが回って、滅茶苦茶な千鳥足で自分の小屋に戻る。小屋に戻って倒れ伏した主人公の周りで仲間の捕虜たちが、そのパンを人数分に小さくちぎって分け合う。と、そういう挿話だ。

実に良かった。私は敗戦後中国から引き揚げてきた体験から、ソ連とかロシアとか聞いただけでむかむかするたちだが、ウォッカの飲みっぷりに関してはソ連人に脱帽しました（とはいえ、あんなアルコール飲料、もともと肴なんか必要とするような上等なもんじゃない、と悪たれを叩いておく）。

しかし、やはり、我々は素晴らしい酒と食文化を持っているのだから、ロシア人の真似なんかせずに、酒と肴の組み合わせを楽しんだ方がなんぼか良かろうと、私は考える。

今講の結論は早めに出しておいたので、最後に、美味しい酒の肴をいろいろ、などというとあまりに平凡。ここは一つ、へそ曲がりに、絶対酒の肴にならないものをいくつか挙げてみようか。

まずは、ハッカ味の飴玉《あめだま》ですな。ハッカの味と、飴の甘さが酒の味を完全に破壊します。つづいて、タイ料理のすべて。甘くて、酸っぱくて、そして痛いように辛いタイ料理と合わせると、酒の味はね、その味はね、ああ、いいたくない。自分で試してみてくれ。

メキシコでは、チョコレートをたっぷり使ったソースを肉料理にかける。チョコレートといっても甘くない。甘くなければチョコレートでも大丈夫と考えたらこの考え自体が甘かった。チョコレート・ソースは舌の味蕾《みらい》をすべて占領して埋め尽くすので、酒の味が浸透する隙がなくなってしまうのだ。しかし、それをいうなら、スリランカ料理は、てな具合に、どんどん続けたいところだが（いや、こうして考えると酒に合わないものもたくさんあるもんなんだねえ）、これ以上読者諸姉諸兄を不愉快にしても仕方がない。今回は、これにて。

日本の謎、魚肉ソーセージとハムカツ

理解を超えた味だった魚肉ソーセージ

人間、長い間生きているといろいろ驚くことがあるが、あの魚肉ソーセージに出会った時には私は心底驚きましたな。

あれは私が高校生の時ではないかと思う。それ以前に、肉好きな父親のせいでいろいろなソーセージを味わっていたので、初めて魚肉ソーセージを味わった時には頭がぐらぐらした。一体これは何であるか。一体誰がどうしてこのようなものを作らなければならなかったのか。味も匂いもソーセージっぽく仕上げてある。しかし、色はあまりに不自然な桃色で、歯ごたえはかまぼこ風だ。

人間若い時は妙に原則論にこだわるもので、当時の私は、魚肉で作ったソーセージなんか認められない、と息巻いたものだ。そんな私を、友人たちは、こんなに美味しいのに何を文句をいってるんだ、と不思議がった。私も今はかなり人間が出来てきて（当の本人の私がこういっているのに、この点について私の周辺の人間がなにやらぶつぶついうのは、どうも実に訳の分からないことだ）、ソーセージは獣肉で作るものと思いこんでいるのは頭の固い証拠だと考えられるようになった。

といって、私が魚肉ソーセージを全く拒否したわけではない。大学の頃は友人たちと毎年夏に海岸にキャンプに行ったが、楽しみの一つは毎晩の食事だった。朝と昼は、その辺で買ってくるパンなどで済ませたが、夕食は私が作った。というより他の人間が夕食を作るのを許さなかった。

私の友人たちはろくに料理のできない者ばかりで、うっかり連中に何か作らせると喧嘩《けんか》になってしまう。「誰だ、こんなまずいものを作ったのは」「うるさい、黙って食え」「馬鹿野郎、俺は絹のパンツをはいて育ったお坊っちゃまなんだ。こんなもの食えるか」すると他の者が「俺んちの犬の飯の方が旨いぞ」「そうか、お前はいつも犬の飯を食っているんだな。そんなやつが、人間の食い物のことにえらそうなことをいうんじゃねえ」「でも、俺んちの犬は血統書付きだぞ」また他の者が「去年大学祭の打ち上げで野良犬捕まえてきて食ったってさ」「お前の大学の軟弱な学生に、犬をさばけるやつがいるわけがない」「俺は蛙《かえる》の解剖ならしたことがある」「蛙は旨いっていうな」「お前、オタマジャクシをたくさん捕まえて納豆みたいに飯にかけて食べてみな」「うちのお祖母さんの田舎じゃ、生きたままの蚕《かいこ》の幼虫に醤油を付けて、動いているやつをそばがきと一緒に食べるんだって」「俺のおやじの田舎じゃ、生きたままの蛇《へび》をご飯と一緒に炊きあげるんだって。ある時、その蛇がガマ蛙を呑み込んでいて、その時は大変だったってさ」「いい加減にしろ。そんなに俺の作ったものがまずいっていうのか。おれは、もう来年からキャンプに参加しないぞ」危うく喧嘩別れになってしまう。

で、私が料理を一手に引き受けることになったのだが、ある時、カレーを作ろうと思って困った。肉がない。肉のないカレーは淋しい。といって肉屋の隣でキャンプをしているわけではない。そこで、食料を入れた箱を探ってみたら、魚肉ソーセージの太いのが数本出てきた。

おお、しめ、しめ、これでやってみるか。ぶつ切りにして肉の代わりにしてカレーを作った。これは大好評でしたな。友人の一人は、皿ではまだるっこしいといって、洗面器に飯を山盛りにし、それにカレーをかけてざぶざぶ食べた（ここで問題にしているのはその男の衛生観念ではなく、いかに魚肉ソーセージのカレーが美味しかったかということなので、読者諸姉諸兄におかれてはそこの所お間違えのないように）。

その時は、私も一歩しりぞいて、魚肉ソーセージをありがたいと思った。でもねえ、あれは一日中海で遊んで腹ペコペコで、おまけに景気づけに、一本五百円などというまがい物のウィスキーを引っかけていたから美味しいと思ったんだろうな。普通の状態だったらどう思ったか、今となっては分からない。

ハムカツはこうして生まれた(!?)

魚肉ソーセージの次に驚いたのは、ハムカツ、というやつだ。一番安いプレスハムにパン粉の衣を付け、豚カツのように油で揚げるからハムカツというらしいが、極めて特徴的なのは、衣の方が中身のハムの二倍以上厚いことである。それを初めて食べたときは深い物思いに沈んだな。誰が、一体どのような動機でこのようなものを作るに至ったのであるか。

ここに一人の男がいるとしよう。その男は非常につきのない人生を送ってきた。小学校の時に、便所に走って行ったら便所の手前で転んでしまい、その拍子にお漏らしをしてしまう。中学の時に、弁当を食べようとしたら母親が箸《はし》を入れ忘れている。仕方がないので鉛筆二本を箸代わりにして食べて、次の時間は数学の試験。気が付いたら鉛筆がない。うっかりいつもの癖で弁当箱に入れてしまったのだ。隣の友人に、鉛筆を貸してくれと頼んだら、監督の教師が「こらあ、カンニングをしたな。廊下で立っていろ」といわれて、その試験は零点。就職すると、直属の部長が女装趣味で、デパートの下着売場にブラジャーを買いに行かされる。結婚す

ハムカツを考えだした人（想像図）

ると、相手はプロレスファンでおまけにすさまじい酒乱。毎晩ウィスキー一本あけて、男にプロレスの技をかける。４の字固め、逆エビ固め、飛びけり、かかと落とし。全身傷だらけになってたまらず夜逃げして離婚。ラーメンを食べに行くと、チャーシューの下に巨大なゴキブリが泳いでいる。朝、パンツをはきかえると、夜の間にその中に潜んでいたムカデに嚙《か》まれて、おしっこもできなくなり、会社を三日休んだら、早期退職対象者に選ばれて首。

と、まあ、これだけついていない無職の男が、一日中寝ころがって自分のついていなかった過去をほじくり返してめそめそしているうちに夕方になる。腹が減ったので何か食べようと思う。財布に金のないのが分かっているので、冷蔵庫を開いたらハムが一枚だけ残っている。これ一枚で今夜の晩飯をしのがなければならない。考えに考えたあげく、ハムにパン粉の衣を付けて油で揚げたら何とかなるのではないかとひらめく。こうして生まれたのがハムカツではないか。

深く物思いに沈んだにしてはくだらない結論だが、ハムカツとは、そもそものようなものだろう。日本人の貧しさの本質がそのまま形になった食べ物のような気がする。ハムカツを見るたびに、日本人はパリの三ツ星レストランなんかに出入りしてはいけない民族ではないだろうかと真剣に考えてしまう。

と、さんざんけなしておいて何ですが、ハムカツも作り方でとても美味しいものが出来上がる。まず、できるだけよいハムを選び、それを厚く切ること。衣を薄く付けること。油は新しいものを使うこと。それだけで、驚くほど美味しいものになる。少なくとも、西洋風のハムステーキの数倍は美味しい。となると、ハムカツは日本人の貧しさの本質を表すものではなく、日本人がいかに叡智《えいち》に満ちた民族であるかを表す食べ物ということになる（こういうことをいうから、私のことを国粋主義者だなんていう人間が現れるのかな）。

西欧の肉食文化が作り出したソーセージやハム

魚肉ソーセージだの、ハムカツだのと、あまりに日本人に引きつけた話をしてきたが、ソーセージやハムには、西欧の人間の肉食文化の歴史の長さが表れている。

今でこそ、ソーセージもハムも美味しさ第一に考えられているが、元々は肉を保存するために考えられたものなのだ。冷蔵庫のない昔は肉の保存に非常に苦労した。一番簡単なのは塩漬けにすることである。樽《たる》に大量の塩と一緒に漬け込む。必要に応じて肉を取り出して塩抜きをして調理する。それでもやはり、嫌なにおいがする。

そこに、誰かがアジアから胡椒《こしょう》を持ち込んだ。胡椒は肉のにおい消しに最高だ。ヨーロッパ人は胡椒を手に入れるのに夢中になった。過去五百年の人類の歴史はヨーロッパ人によるアジア・アフリカ・南北アメリカの侵略の歴史であるが、ヨーロッパがアジアを侵略したそもそもの動機は胡椒欲しさであったといえるのだ。

樽に塩漬けにするだけでは面白くないと考えたのだろう、ヨーロッパ人はソーセージやハムを作ることを考えた。イタリアの有名なパルマの生ハムの起源は二千年前にさかのぼるそうで、明治になってから肉を食べはじめた我々日本人とは食肉文化の深さが違う。

ところで、以前、サッカーの全日本チームのトルシエ監督が選手たちにソーセージを食べることを禁止した、と新聞が報じたことがあって驚いた。トルシエ監督によれば、ヨーロッパのサッカー選手がソーセージを食べないのは常識だそうである。問題は添加物にあるらしい。確かに市販のソーセージに使われている材料の表示を見ると買うのをためらってしまう。しかし、それはソーセージ自体の罪ではない。作る人間が楽をしてもうけたいためにいい加減な作り方をするからである。

私は漫画にも書いたが、仙台の大先輩の協力を得て一切の添加物を入れずにソーセージを作るのに成功した。今でも仙台に行けば、その時と同じ作り方のソーセージをその大先輩の経営する店で買うことができる。そのソーセージは肉と塩以外一切使っていない。完全な自然食品である。トルシエ監督もそのソーセージだったら選手が食べるのを許しただろう。

世界で一番美味しい生ハムはここ

自然食品といえば、以前『美味しんぼ』にも書いたことだが、世界で一番美味しいといわれるイタリアはパルマの生ハム、パルマ・プロシュートも完全な自然食品である。あまりにその色が美しいので、発色剤くらい使っているのかと思ったら飛んでもない。塩以外一切使わない。塩をして、自然の状態で二年以上ぶら下げて熟成させるだけである。するとあの鮮やかな紅色に仕上がるのだ。しかも、口の中でさらりと溶けてしまうから恐ろしい。

私は長い間、イタリア料理屋で出てくる「メロンに生ハム」という前菜を食べるたびに、こんなもののどこが美味しいのだろうといぶかしく思っていたが、パルマで同じものを食べて「ああ、これが本物の味だったのか」と愕然《がくぜん》となった。

メロンが違う。そして何より生ハムが違う。香り、味、舌触り、すべてが心をとろけさせる。他のイタリアレストランでは、たとえイタリア国内でもあの味は味わえない。パルマに行かないと駄目だ。しかも、パルマの三つのレストランに行かなければ味わえない。パルマはミラノから車で二時間半くらいで行ける。最高のチーズ、パルミジャーノもある。パルマは食都である。美味しいものを食べたかったら是非足を運ぶことを勧める。

私のいう三つのレストランとは「Cocchi」「Cavallino Bianco」「Trattoria de Bucca」で

ある。「Cocchi」は市内にあるが、他の二つは市内から車で三十分ほどかかる（住所や電話は編集部に問い合わせても教えません。名前は教えたんだから、後は自分で探す熱意のある人だけ行けばよい）。

やはり世界で一番美味しいといわれているスペインの生ハム、ハモン・イベリコも塩以外一切使わない自然食品である（世界で一番美味しいといわれている生ハムが二つあるのはおかしいといわれるか。正直にいって、私は両方食べ比べて、どちらが上とはいい切れないのである。同点で金メダルを分け合うというところだ）。

ハモン・イベリコの場合はパルマ・プロシュートより脂分が多い。しかし、その脂がスッポンの脂と同じで、悪玉コレステロールを流してしまう。身体によい脂なのだ。

ヨーロッパのどの国に行っても、市場に様々の種類のハム・ソーセージが並んでいるので驚く。日本でハムというと、プレス・ハムかロース・ハム。ソーセージというと、ウィンナ・ソーセージか、フランクフルト・ソーセージか、サラミ・ソーセージくらいのものだが、ヨーロッパは国によって、地方によって多種多様なハム・ソーセージがある。色、形、長さ、太さ、その外見だけでも様々で、私のようなハム・ソーセージ好きの人間は見るだけで興奮して、あれも買いたいこれも買いたいと狂乱状態になる。しかしそこが旅行者の悲しさ。買うわけには行かない。そんなもの抱えて旅行はできない。だから、いつも宝の山に踏み込んでおいて宝物に手をつけることのできない無惨な気持ちを味わってきた。

ところが、ある時、私のドイツ人の友人がミュンヘンにある彼の母親の家に招いてくれて、その母親が朝食に大皿一杯にハム・ソーセージの盛り合わせを出してくれた。

ああ、その時の嬉しさ。持つべきものはドイツ人の友人だとつくづく思ったな。そこに並んだソーセージの種類だけで一体何種類あったことか。堪能しました。満足しました。宝の山に分け入って宝物をすべてかっさらった気分になった。

で、そのソーセージの味は、と書こうと思ったら、もう、紙数が切れた。ごめん、また別の機会にたっぷり話そう。

がつがつ行きたい、これぞ夏の食べ物

ところてんや寒天を自分で作ってみよう

夏は私にとって食欲の季節。頭上で太陽が燃え、その照り返しで地面が焼けて、熱風が巻き上がる。一歩表に出ると汗が噴き出し、体中の血液の循環の速度が極点に達して今にも自分の身体がはじけそうに感じる。そうなると、燃えるような食欲がわき起こってくるのだ。それも、どう猛な食欲であって、肉、脂、ニンニク、癖の強い、においの強い、強烈なものでないと収まりがつかない。それを、がつがつと食べるのだ。おっと、この際、「食べる」などといったんじゃ感じが出ない。食う、といい直そう。いや、喰らう、の方がいいかな。どっちにしろ、大変に下品な食欲なのだ。

しかし、私も年を取るにつれて丸くなったというか、勢いが弱くなったというか、いずれにせよ、食べられるものの範囲が広がった。相変わらず、夏になると燃えるような食欲が吹き上がってくるが、あっさりしたものでも受け入れられるようになってきた。

ここ数年、冷やし中華を食べられるようになったので自分でも驚いている。以前は、あのように軟弱な食べ物は敷島の大和心に反すると思っていたのだが、何と最近は、私の連れ合いが、中華麵の代わりに日本そばで冷やし中華そっくりに作ったのまで、旨い、旨い、といって食べるようになってしまった（これは、是非、お試し下さい。冷やし中華の作り方は、人によって様々なので、出汁だの味付けだの中に入れる具など、そこは勝手にすればよろしい。ただ、中華麵の代わりに、もちろん、乾麵で構わないから日本そばを使うのだ。ごまはたっぷりすってかけた方がいいな。わかめもたっぷり使うとなおよい。ただそうなると、冷やし中華ではなくなって、冷やしそばということになってしまうのではないかというのが、問題なんだけど）。

何にせよ、守備範囲が広がることはいいことで、夏の食の楽しみがますます大きくなってしまった。

ところてん、なんてものも、夏に食べると格別ですな。私の日本の家は、横須賀市秋谷にあって目の前は海である。近所の家々は、今はご主人が会社勤めをしていても、先代までは漁師をしていたから漁業権を持っていて、ワカメやアワビを取ってきて私たちに気前よく恵んでくれる。

ずいぶんいろいろ頂戴《ちょうだい》したが、中で困ったのがテングサだ。テングサは採ってきたばかりはやや紫がかった赤い色をしている。それを、時々水をかけながら日に干していると、色が抜けて白くなる。充分に乾燥したらそれを保存しておいて、必要に応じて煮る。テングサを煮ると、溶けていって煮汁に粘り気が出てくる。それを布で濾《こ》して不純物を取り除いてから型に入れて冷やすと、固まってプリンプリンになる。これを、ところてん突きに入れて突いてやると、ところてんができる。

まさかと思うが、中にはご存じない方もおられるといけないから、ちょっと余計なことをいうと、このテングサを煮て型に入れて固まらせたものを乾燥させたものが乾物屋で売っている「寒天」なのだ。

長野県などの、冬寒冷であまり雪が降らない地域で、このテングサを煮て固めたものを野ざらしにしておくと夜の間に水分が凍り、昼になるとその水分が溶けて流れ出す。これを繰り返すと、水分が抜けて、テングサの成分だけが残って、あのからからの「寒天」が出来上がる。冬の寒天にさらすから「寒天」という名前も付いたわけだ。

で、どうしてテングサを頂戴して困ったかというと、一度テングサを自分で煮て作ったところてんを食べると、「寒天」を使って作ったところてんなんかあほらしくて食べられなくなってしまうからなんですよ。

ところてんだけじゃない。私は、酒飲みのくせに甘党という実に節操のない男で「あんみつ」なるものが大好物なのだが、あのあんみつに入っている寒天、あれも、一度自分でテングサを煮て作ったものを食べるともう駄目だ。「寒天」で作った寒天（ええい、紛らわしいな。材料も、仕上がったものも同じ名前で呼ぶなんて、昔の人はなんて無精だったんだろう。ここからは、材料の方は「棒寒天」と呼ぶことにしよう）なんか食べられません。香りが違う、味が違う。

あんみつや、豆寒天の中に入っている寒天は何の味も香りもしない、ただプリンプリンしたものだ、などと思っている方がたぶん圧倒的に多いことだろうが、本当の本物はそうじゃない。海の香りが、ぷーんとして、柔らかでほのかな甘みがあって、歯ごたえもしっかりしていて、雅やかな味わいがあるのだ。東京にも有名な甘い物屋が何軒もあるが、いずれも寒天に関しては感心しない。どの店も市販の「棒寒天」を使っているのだろう。

で、ところてんだが、皆さんはどのようにして召し上がるのが好きですか。酢醤油もいいが、私は黒砂糖を煮て作る黒蜜《くろみつ》をかけて食べるのが大好き。同じ寒天でも、あんみつに入れるようにさいころ状にしたのと、ところてんのように細長くしたのとでは食感が違う。ところてんにして黒蜜をかけると、葛切《くずき》りのようでいて、葛切りとはまるで違う楽しみが味わえて実に楽しい。

漁師に教わったアジの冷たい味噌汁

同じ海の産物なら、アナゴもいいなあ。

アナゴは一年中獲《と》れるが、夏になると東京湾でアナゴ釣りが盛んになる。東京湾は汚れてしまって魚なんか釣れないだろうと思っている方が多いかもしれないが、なかなかどうして魚はしぶとく生き残っていて、今でも驚くほど多種類の魚が東京湾では獲れているのだ。

特にアナゴはしぶといらしい。昔から羽田沖のアナゴは味の良さで評価が高かったのだが、周辺の埋め立てが進んで、もはやアナゴの住むところなんかないのではないかと思ったらとんでもない。今でも、夏になるといくつもの釣り宿が羽田沖のアナゴ釣りの船を出す。会社が引けてから出かけても、夏の夕方はまだ明るいから、会社勤めの人間も楽しめる。釣れるアナゴも旨い。

そのアナゴをてんぷらにして、しかもそれをどんぶり飯の上に乗せて、甘辛のたれをかけて天丼にして、わっせわっせと食べるのが夏の楽しみだなあ。汗をだらだら流しながら、ビールをごきゅごきゅ飲みながら、アナゴの天丼をかき込む。ああ、日本の夏はいいなあ。

そういえば、葉山の漁師に教わったアジの冷たい味噌汁も夏向きだな。これは、簡単というか、常識的には美味しくないのではないかと思ってしまう料理である（これを、料理と呼んでいいのかという意見もあるが、あえて料理と呼ぶことにしよう）。

これは、まず釣りたてのアジが必要だ。これをおろして、細かく刻む。くたくたに叩く必要はない。というより、くたくたに叩いてはいけない。一方、ボウルに冷水と氷を取ってそこに味噌《みそ》を濃いめに溶く。そこに刻んだアジを入れてかき混ぜる。その際、氷は残ったままであることが必要。さもないと生臭くなってしまう。

で、どんぶりに熱い飯をよそって、その上から、冷たいアジの味噌汁をかけて、そのままざぶざぶと食べる。この、氷水で味噌を溶いてそこに生のアジをぶち込む、というところが、たいていの人には考えられないことであるらしい（実は私も実際に味わうまで、そんなもの気持ちが悪いと思った）。専門の料理人はなおさらそう思うようだ。

最近、シドニーで日本料理の板前さんたちと釣りに行った（最近のシドニーは十年前とはまるで様変わり。本格的な日本料理の店がたくさんできた。日本で修業して豊富な経験を積んだ優秀な料理人も大勢やって来ているのである）。その時、うんざりするほどアジが釣れたので、私がこの料理のことを話すと、専門の料理人たちが「信じられない」という顔をする。で、仕方がないので、私が実際に作ってみせた。

一人の料理人が半信半疑というより、かなり強い疑いをその顔にあらわにして私からどんぶりを受け取った。そして一口食べて、「うわあ、旨い」と叫んで、たちまちそのどんぶりはみんなの間を回って空っぽになった。二杯目からは、料理人が自分たちで真剣になって作った。

漁師によると、朝家を出るときに、保温器に炊きたての飯を入れて持っていく。味噌も忘れてはならない。氷は、釣り船だから必ず積んである。で、魚が釣れるとまずこの冷たい味噌汁に仕立てて、熱い飯にかけてかき込んで腹ごしらえをするのだそうだ。最初は、船の上で何も食べるものがないので窮余の一策として始めたらしいが、今では最初からこれで腹ごしらえすると決めているようだ。

これは、アジでなくても、新鮮な白身の魚であれば何でもよい。料理ともいえないような料理だが、味は魚の旨さを知り尽くした漁師たちの保証つきだ。あまり簡単なので、専門の料理人にはかえって思いつくことのできない料理なのだろう。

ある意味では、漁師だけが味わうことのできる味。漁師の特権というべき味かもしれない。もちろん、あなたが釣りが好きなら、この漁師の特権を味わえるし、こんな技を身につけておくと、専門の料理人たちの鼻をあかすこともできるわけだ。で、このすっきりとした味は、夏の疲れを吹き飛ばしてくれる。

ラード・ニンニク・チャーハンの作り方

どうも、あっさりしたものばかり続いて、気合いが乗らない。ここらで、力（りき、と読んで下さい）の入ったものを食べたい気分になってきた。

となると、やはり、ニンニクと脂だな。

私はどうも身体に悪いといわれるものが好きで困っている。特に、最近の栄養学では青い色の魚の脂肪はよいが、牛や豚などの動物性脂肪は悪玉の中でも最右翼とされている。炒め物をするのにも、昔はラードをよく使ったものだが、今は中華料理店でも植物油を使っている。ところが、私は、その身体に悪いといわれているラードが大好物なのだ（しかし最近評判のラーメン屋では豚の背脂を浮かせることが多い。ということは、身体に悪い豚の脂を好きなのは私だけではないことになって、大変心強い）。

最近シドニーで有機飼育の豚の肉が手に入るようになった。有機飼育と称するためには、与える飼料も有機栽培のものでなければいけないし、飼育する際にも薬や成長ホルモンを与えないという厳しい基準を満たさなければならない（豚に限らず、家畜を狭いところで密集して飼育すると病気が発生しやすいので、抗生物質を与えることが多い。早く大きくするために成長ホルモンをえさに入れる業者もいる。悲しいことだが、それが現実なのだ）。

有機飼育は安全性を目的にしたものなのだが、この有機飼育の豚が旨い。日本ではいい加減な育て方をしても黒豚だと高い値段が付くが、味はうなずけないものであることが多い。私が日本にいるときに種子島から取り寄せていた黒豚は、麦とサツマイモを飼料にして、健康第一の状況で飼育されていて、その味は思わずうっとりするくらい素晴らしかったが、シドニーの有機豚はその種子島の黒豚を思い出させてくれる味なのだ。家畜は健康に飼育することが第一であることをまたもや確認してしまった。

　で、その脂身がたまったので、先日私は自分でラードを作った。鍋に最初に水を取り、そこに細かく切った脂身を入れていく。最初、脂身は鍋の水で煮えるが、すぐに水分は蒸発してしまい、後は自分から出た脂で自分を煮ることになり、鍋にはどんどんラードがたまっていく。私は以前から、ラード自体が美味しい調味料であると主張しているが、そのラードは私の主張の正しさを改めて証明してくれた。少しも重たくもくどくもなく、香りは蠱惑《こわく》的で、味も甘いのだ。

　ラードができたら次はニンニクだ。ニンニクを大量に（一人あたり、最低で三粒くらいが目安。ニンニクの食べ過ぎは身体に悪いということは承知していますが、たまには身体に悪いこともしないと人間長生きできないのだ）刻んで、熱したラードの中に放り込む。薄く色が付いてきたら、そこに今度は飯だ。要するに、ラードとニンニクだけのチャーハンを作ろうという

のだ。もちろん、ラードはたっぷり使うことが肝心。くどいけれど、ラードが大事な調味料なんだからね。味付けは塩と胡椒だけ。醤油味が好きなら醤油も悪くない。

この、ラード・ニンニク・チャーハン、これこそ夏の食べ物だ。脂の味、ニンニクの味、ああ、たまらないね。食べると、唇がラードでぎたぎたしますよ。その、ぎたぎたした唇を手の甲でぐいとぬぐって、ぷはー、という。そこでビールでも、焼酎でもぐびりとあおって、更にもう一度、ぷはー、という。汗もたっぷりかきます。実に、意地汚い。だが、その意地汚さがいいんだと、あえていってしまおう（こんなもの嫌いだ、という人は少なくないかもしれない。でも、いくら何でも好きなのは私一人だけということはないはずだ。おーい、どこかに私の同類はいないか。いたら、ぎとぎとの唇で、にたりと笑ってくれたまえ。その笑いは私のところに届くぞ）。

ああ、やはり、夏はいいよな。

トロもかなわない、マグロの最高の部分

刺身と野球は合わないという法則

とにかく何とかならないか。何がって、あの野球の応援団のトランペットだ。読者諸姉諸兄もご存じの通り、私は大変に上品な人間だ。下品な言葉、乱暴な言い回し、そんなことは今まで口にしたことがない（本人がそういうんだから、信じなさい）。その私があえていう。応援団の連中はひどすぎる。最初から最後までトランペットを吹き続けやがる。また、その節回しときたら、稚拙で単純で下品で知性も感性もなくいやらしくて浅ましくて悪臭紛々、ヘドロを耳に注がれるようだ。

ミミズを奪い合って喧嘩をしている間抜けな鶏の叫び声みたいな音のトランペットを、頭脳

の音楽に関する部分が完全に腐って抜け落ちてしまった応援団の泥人形どもが吹き続ける。それも、一打逆転という、見ている方の体中の神経が逆立つような一番大事な場面でも、あの腐れどももはトランペットを吹き続ける。どうしてだ。こういう場面は、投手と打者のそれこそ命がけの駆け引きを、球場にいる人間すべてが投手と打者と同じ命がけの思いで見つめてこそ、野球の醍醐《だいご》味というものだろう。

それを、あの野球のやの字も分からないナメクジ耳の手合いが、休みなしに発情期のカラスのわめき声のようなラッパの音でぶち壊しにしてくれる（え？　ナメクジ耳とは何のことかって？　それはね、耳の穴にナメクジが数十匹詰まっていて音楽のことが何にも分からない人間のことをいうの）。私は、あの下卑たトランペットを吹き続ける人間一人一人をつかまえて逆エビ固めに決めておいて「どうしてそんな破壊行為を続けるんだ」としっとりねっとりやさしくお尋ねしてやりたいね。

私は音楽が大好きだ。だからこそあの騒音には我慢がならない。低級な節回しを大音量で繰り返し繰り返し聞かされると、辛くて辛くて、拷問の手段としてもあれほどひどいものはないと思ってしまう。テレビ局もひどい。わざわざあの応援団の前にマイクを置いて、その騒音を拾って電波に乗せている。おかげで、私は野球のテレビ中継は音を消して見なければならない。

野球というのは素晴らしいものだ。その素晴らしさの何もかもをぶち壊しにするのがあのラッパの暴力だ。一体何の権利があってあの連中はあのような破壊活動を公然と行うのか。大体あの連中、野球なんか見ていない。ラッパを吹くことで恍惚《こうこつ》となっているだけだ。野球を見もしない人間を球場の中に入れるな。あのラッパで苦しんでいるのは私だけではないはずだ。

さあ、本当の野球愛好家たちよ。今こそ、野球場からトランペットを追放する連盟を結成しようじゃありませんか。野球をナメクジ耳、ミミズ耳の手合いから、我々真の野球好きの手に取り戻そう。えい、えい、おーっ！

あ、いけない。今回は刺身の話で、その枕として野球を持ってきたのに、つい日頃のうっぷんを爆発させてしまった。なぜ、刺身の話の枕が野球かというと、刺身を食べる時に野球を見るのは禁物だといいたかったからなんだ。

居酒屋や小料理屋で、テレビを置いてある店があるでしょう。あれは、本当に困る。注文したマグロのブツが目の前に出てきて、さて食べようと小皿に取った醤油の上に持っていく（ブツ、というのはぶつ切りのこと。高級な料理屋は形を気にするから、いくら美味しくても形の整わないところは使わない。その点、形にこだわらずに本当に旨いものだけを選ぶ眼力のある主人が経営する小料理屋なんかでは、形は揃《そろ》わなくても味のよいところを持ってきてぶつ切りにして食べさせてくれる。そういうのに出会うと、実に得をしたと思いますね）。

その時、テレビの音声が騒がしいのでふとテレビを見ると、あろうことかタイガース相手にジャイアンツが負けかけている。ジャイアンツが一点差をつけている九回の裏、タイガース最後の攻撃は二死満塁で打者はあの物干し竿《ざお》バットの藤村富美男。ジャイアンツの投手は後にリング名ジャイアント馬場としてプロレスラーに転向した馬場正平（うわは、は、は。こんな組み合わせは実際にあるはずはないよね。でも、私が一番好きだったプロ野球の選手は、藤村富美男と馬場正平だったんだ。その二人を闘わせたいと思う私を悪いといわないでくれ。おっと、待てよ。ジャイアント馬場が、ジャイアンツの投手だったことを知らなかったなんて人間、まさかいないよね。知らなかった人間はすぐに日本プロ野球史を勉強しなさい。藤村も凄かったんだよ。迫力のある顔で、物干し竿とみんなに呼ばれた滅茶苦茶に長いバットをぶんぶん振り回すんだ。今、ああいう豪快な選手はいないいね）。

そういう凄い場面になると、さすが食欲の固まりの私もうっかり箸を持つ手がお留守になる。馬場が投げる。藤村が打つ。物干し竿がボールを真芯で捉えて、俗にいう火を吹く当たりだ。バットがボールを芯で捉えると、澄みきったきれいな音が球場一杯に響く。打球は馬場の頭上を抜いて、そのままバックスクリーンにライナーで飛び込んでホームランになってしまう。

と、思った時、身長二メートル九センチの馬場が思いきり飛び上がる。腕を一杯に伸ばすと三メートル。更に一メートルは上に飛び上がるから、合わせて四メートル。普通の投手だったら、そのままバックスクリーンに飛び込むはずの弾丸ライナーも、投手の位置で四メートルの高さで飛びつかれてはおしまいだ。球場は大歓声でテレビのスピーカーも壊れるほど。藤村もよく打ったが、馬場もよく捕った。

土壇場でジャイアンツが勝って、めでたしめでたし。そこで、はっとなって手元を見ると、マグロのブツが醤油の小皿で溺《おぼ》れている。こんなに醤油をべったり付けてしまっては、せっかくのマグロも台なしだ。だから、野球と刺身は合わないというんだ（こんなあり得ない組み合わせの野球の話をしても、若い人には何のことだか分からないだろうけどね）。刺身はやはり、腰のしっかりした日本酒を傾けながら、静かにじっくり味わうものだな。

魚はよく動かす部分に脂がのっている

で、そのマグロの刺身だが、普通、赤身とトロの違いしかいわない。せいぜいが中トロと大トロの違いを云々するくらいだ。高級な寿司屋でもそうなんだから、たいていの人はマグロという魚は、赤身の部分と中トロ大トロの部分だけでできているように思いこんでいるのではないだろうか。

それは無理もないことであって、サバやアジなどの小魚は自分でさかないまでも、さくとこ

野球と刺身

ろを自分の目で見る機会が多いから、魚の全体像は摑《つか》めるが、マグロとなると魚体が大きいので、そうは行かない。市場関係者ならともかく、普通の人が目にするのは既にさく取りをした長方体の固まりでしかなく、その固まりがマグロのどの部分なのか見当のつけようもない。脂肪分のないものは赤身、あるものはトロ、そう区別するしかない。

だが、ただ単に赤身、トロと呼ばれているものが、実はマグロの部位によってまるで味が違うのだ。銀座の最高級の寿司屋のトロというと、マグロの腹の部分だ。確かにそのあたりは、いい具合に脂がのっていて文句なしに旨い。しかし、その前後にも旨い部位が何か所もある。

まず、背びれの下だ。鯨《くじら》も尾の身の部分の刺身が一番美味しいし、ヒラメもいわゆる縁側が旨い。魚はよく動かす部分の方が美味しいのだ。鯨の尾の身も、ヒラメの縁側も、一番活発に動く部分だ。しかも脂がのっている。うなぎも腹の方が脂がのっていて美味しいように思う人が多いようだが、実際に食べ比べてみると、下半分の身の方が活発に動く分、味がよい。上半分の腹の部分に比べるから脂が少ないように見えるが、実際はずいぶんのっているのだ。

マグロの背びれの下の部位は、ヒラメでいえば縁側に相当するのだろう。脂が適度にのっていて、しかも味が濃厚なのだ。実に力強く、深い味だ。その味を知ってしまうと、銀座の最高級の寿司屋のトロも物足りなく思えてしまう。ただ、いくらマグロが大きいといっても、背びれの下の部分となるとその量は限られている。高価な大トロの部分より、遥かに量が少ない。

それも国内産の本マグロの背びれの下となると、これは築地の市場で顔の利く人間でも簡単には手に入らない。

更にいうと、マグロは恐ろしい魚で、体重百五、六十キロ以上の国内産の本マグロの場合、部位がわずか数センチずれると同じ魚で味がまるで違う。だから、背びれの下といっても、真下のわずか十数センチほどの幅の部分が最高に美味しいのだ。それから、二センチでもずれると別物としかいいようのない味になる。

次に美味しいのは、尻の穴から腹に向かって十センチほどの幅の部分だ。ここも脂がのっているが、トロの部分より旨味が濃い。歯ごたえもトロよりはある。といって歯にさわるという歯ごたえではない。柔らかいが、「ぬぷ」という気持ちのよい歯ごたえなのだ。これも一匹のマグロからわずかしか取れない。

そして、カマの部分だ。カマは、背びれ下や尻の穴近くよりは量が多い。だが、やはり美味しいのは、真ん中の部分十数センチの幅に限られている。ここも脂がのっている。大トロの部分と比べると繊維分を感じるが、香りが強い。生臭いというのではない。マグロの香りとはこういうものだったのかと納得する華やかな香りだ。

おっと、マグロの頰の部位を忘れていた。ほとんどすべての魚は頰の肉が旨い。やはりよく動かす場所だから、役に立つ筋肉と、エネルギー源の脂肪が効率よく配分されていて、肉質のきめが細かく、上品で豊かな味だ。マグロの腹の脂がよくのった部位でも、筋が強く発達してしまった部分がある。筋があると普通の寿司屋や料理屋は敬遠する。

ところが、筋と筋の間に包丁を入れて、筋を剝《は》がすようにしてその間の肉を取り出して食べると、その手間と労力は報われてあまりある旨さ。魚の骨際の味の良さは、皆さんご承知の通りだが、マグロほどの大きさの魚になると、小魚より筋が発達しているから筋際の肉というものも存在する訳だ。で、やはり、筋際の肉も骨際の肉同様に他の部分の肉に比べると、味が濃厚だ。

マグロの骨際肉のまた旨いこと!!

骨際の肉で思い出したが、昔築地の市場に行くと、市場の隅で男の人が、マグロをさばいて肉を取った後のあの巨大な骨にかがみ込んで何かしている。よく見ると、男は手に大きなアサリかハマグリか、その貝殻《かいがら》を持っていて、貝殻で骨にこびりついている肉を削り取っていたのだ。

骨にこびりついている肉といっても、何しろマグロは巨体だから、一匹のマグロから結構な量の肉が取れるのである。一体それをどうするのかと尋ねると、「寿司屋や小料理屋に売るんだ」という。そういう料理屋、寿司屋はいわゆる高級店ではない。値段は高くはないが旨いものを食べさせる店である。

マグロの骨から削り取った肉は、挽き肉みたいに見えて形がよろしくない。だから、そういう店では工夫をする。小料理屋は、小鉢にとって、薬味を添えてタルタルステーキのようにして食べさせる。寿司屋では海苔《のり》で巻く。すると、これが安いからといって馬鹿にするのは、とんでもない大間違い。骨際の肉は、普通の赤身より旨いのだ。

よく、どんなに美味しくても安くなければ駄目だ、という人がいるが、私はそういうことを聞く度に嫌な気持ちになる。作る側に犠牲を要求して自分たちだけが得をしようというその身勝手な魂胆が浅ましいし、そういう態度が日本の食文化、農業、漁業を破壊するものだと思うからだ。しかし、このマグロの骨際肉みたいなものなら、安くて旨いが、誰にも犠牲を要求しない。

それどころか、うっかり見捨てられやすい部分まできちんと食べるということで、資源の保護にも役に立つ。問題は、この骨際肉の旨さを知らない人が増えてきたことと、骨際肉を削って集める労力がなくなってきていることだ。最近市場に行くと、まだ肉がたっぷり付いているマグロの骨が、そのまま処理場に運ばれていくのを見ることが多い。ああ、もったいない、と私は悲しくなってしまうね。

フランスパンにもマグロの刺身は合う

私の子供の頃、刺身は大ご馳走だった。晩ご飯のおかずが刺身というと、興奮した。温かいご飯にマグロの刺身、こんなに美味しいものがあるかと思ったな。マグロ一切れでご飯をお茶碗半分くらい一度に食べてしまう。この温かいご飯をぐいぐい呑み込む時のその快感といったらないんだよね。寿司も美味しいけれど、温かいご飯と刺身の取り合わせは、ああ、よくぞ日本人に生まれけり、と思わず口にしたくなる旨さだ。

しかし、刺身はご飯にだけ合うと決まったもんではない。フランスパンを薄く切って薄く色が付く程度に焼く。バターをさっと一塗りして、ケッパーのみじん切り、生のニンニクのみじん切りを散らす。その上に、薄切りにしたマグロの刺身をのせる。オリーブ・オイルとバルサミコをかけて、塩をぱらりと振って、がぶりとかじりつく（この時のオリーブ・オイルは、オリーブの実を熱することなく冷たいまま絞った一番搾り、いわゆるコールド・プレッシングのエクストラ・バージン・オイルでなければならない。そのエクストラ・バージン・オイルの色はオリーブの実の色が付いていて、花のような甘い香りがする。食欲を猛然とかり立てる。古いオリーブ・オイルは身体のマッサージの時にでも使ってください）。

パンの旨味、バターの甘味、ケッパーとニンニクの風味、それにエクストラ・バージン・オイルの爽《さわ》やかな香り、甘酸っぱいバルサミコの味、そのすべてが、マグロの旨さを引き立てて複雑で豊かな味を作り出し、しかも後味がすっきりしている。

これは、マグロに限らない。牛の霜降りの部分をごく薄く切ったもの、ヒラメの刺身、イワシの刺身、などでも同じ方法で楽しめる。

イワシといえば近年日本近海ではばったり獲れなくなってしまって、今や高級魚になってしまった。銀座に昔からあるイワシ専門の料理店も困っているんじゃないだろうか。イワシがたくさん獲れて安かった時には、みんなイワシを馬鹿にしていたが、とんでもない話で、新鮮なイワシを手でさばいた刺身の旨さと来たら、それこそご飯が何杯あっても足りないものだ。

ああ、しまった、最初に野球の話なんかしなかったら、刺身のことをもっと話せたのに、応援団のトランペットのせいで、もう、この回も終わらなければならない。応援団のトランペット、憎いなあ（と、まだいっている）。

カキをめぐる文学的考察と最上の食べ方

カキを食べると思い出す中原中也の詩

今回はカキについてである。
であれば、まずは、中原中也の「サーカス」という詩を読んでもらいたい。

サーカス

幾時代かがありまして
　茶色い戦争ありました

幾時代かがありまして
　冬は疾風吹きました

幾時代かがありまして
　今夜此処《ここ》での一《ひ》と殷盛《さか》り
　　今夜此処での一と殷盛り

サーカス小屋は高い梁《はり》
　そこに一つのブランコだ
見えるともないブランコだ

頭倒《さか》さに手を垂れて
　汚れ木綿の屋蓋《やね》のもと
ゆあーん　ゆよーん　ゆやゆよん

それの近くの白い灯が
　安値《やす》いリボンと息を吐き

観客様はみな鰯
　咽喉《のんど》が鳴ります牡蠣殻《かきがら》と
ゆあーん　ゆよーん　ゆやゆよん

　屋外《やぐわい》は真ッ闇《くら》　闇《くら》の闇《くら》
　夜は劫々《こふこふ》と更けまする
　落下傘《らくかがさ》奴のノスタルヂアと
　ゆあーん　ゆよーん　ゆやゆよん

明治以降の日本文学の中で、私は、萩原朔太郎と宮澤賢治の二人が他の数百の文学者を隔絶して数段格上の存在だと思っているが、中原中也も好きである。中でも、この「サーカス」という詩が不思議に心にしみる（この詩の意味を簡単に述べよ、なんて、現代国語の入試問題みたいなことをいわないでね。別の形で意味をいえるくらいなら、詩なんか書く必要がない。こうやって歌い上げる以外表現のしようのないものが心の底から突き上げてきて、それが形になったものが詩なんだから、意味がどうたらこうたらと余計な解釈をしないで、ただ純粋に読めばよい。それで何も感じなかったら、それまでのことだ)。

問題は、この詩の中の「咽喉が鳴ります牡蠣殻と」というところだ(ここの部分は、「のんどがなります、かきがらと」と読んでね)。一体なんでまた「牡蠣殻」なのかと考えると訳が分からないが、訳が分からないからこそ中原中也の気持ちがよく分かって、じんと来る。これが、カキでなくて、ハマグリとかサザエなんかじゃ、じんと来ません。やはり、ここはカキでないと駄目なんだな。カキの殻のあの醜悪なまでに、がさがさ、ごわごわした外観と、殻の中に隠れているカキの身の官能的な香りと美味と感触、その二つの対比の妙が味を出しているのかもしれない。私は、カキを食べるといつもこの詩を思い出すんだよ。「幾時代かがありまして、茶色い戦争ありました」という出だしも心に深く食い込むが、「のんどがなります、かきがらと」という文句がカキを見ると呪文のように胸の中に響く(中原中也は他にもいろいろよい詩を書いているので、まだ読んだことのない人は、探して読んでもらいたい。人生の宝物が増えます)。

だからといって、私は文学的な感慨にふけるあまり、カキを食べ損なうなんてことはない。どんな時にでも、私の胃袋は活動を止めないのだ。私に任せなさい(って、なんのことだか)。

ただ、中原中也のこの詩に出てくるカキは、どうしても生ガキだろうな。酸ガキではやはり感じが出ない。カキの土手鍋でも駄目だ。カキフライなんか論外だ。

ところが、私は、カキは生で食べるよりわずかでも火を通した方が好きだ。生ガキも二個か三個ならいいがあまりたくさんは嬉しくない。私が一番好きなカキの食べ方は、中華風に蒸したものだ。

これは、作り方はとても簡単。**蒸籠《せいろ》に殻に乗ったままのカキを入れて、醤油と紹興酒を少々たらし、その上にネギとショウガの細切りを乗せて、軽く蒸す。蒸しすぎて身が固くなっては駄目。半分生に蒸し上がったところで、熱く熱した落花生油をかけ回して出来上がり。**

カキの旨味が熱によって活性化されて生の時より遥かに味わい深くなる。中原中也の詩には合わないとはいえ、カキフライも最上のカキの食べ方の一つだ。日本人の叡智《えいち》の結晶だよ。

カキご飯というのもいいね。あらかじめ、醤油とゴボウやその他の野菜を混ぜてご飯を炊いて、ご飯が炊きあがる頃合いに生のカキをどっさり乗せてご飯と混ぜて、しばらくそのままにしておく。ご飯の余熱でもって半生よりもう少し火の通ったカキと醤油味のご飯との取り合わせは、日本人を泣かせる味だ。ご飯と一緒に最初から炊いてもよいが、それだとカキに火が通りすぎる嫌いがある。

外国の生ガキの本籍地は日本なのだ

しかし、どうして欧米人は生ガキをあんなに喜ぶのかな。それも、一人で半ダースは軽く食べる。しかも、白ワインを飲みながらだ。漫画にも書いたが、私は、ワインとカキの取り合わせは最悪だと思う。いや、欧米人だけではない。日本人も、生ガキは好きだな。私は大学を出てから三年九か月ほど、会社勤めをしたが、その同期入社友人の一人が、数年前にシドニーにやってきた。彼は、父親が自民党の大物政治家だったので、父親の死後会社を辞めて父親の跡を継いだのだが、政治家になると党の中で頭角を現して若くして大臣にまでなった。

で、その友人とシドニーで食事をしたのだが、彼は、シドニーのカキをいたく気に入り、一人で三十個食べた。私はそれほど大量のカキを食べる人間はそれまでに、またその後も見たことがない。大食らいする人間に悪人はいない。政治家としてもっと伸びるだろうと、友人たちと期待していたのだが、なんということか、シドニーで食事をして一年も経たないうちに急死してしまった。しかし、なあ……折角あの若さで大臣にまでなっておきながら死んじまうなんてな……実にもったいないことをした。また、三十個でも四十個でも、シドニーの美味しいカキを食べさせたかったと思う。

その友人ほどではないが、小学校の同級生の家族が来て、家族四人で生ガキを三ダース食べて物足りなさそうだった。

日本人が喜んで食べるのも無理はないのであって、私はひいきをしていうわけではないが、シドニーのカキは日本のカキより絶対に美味しい。

ところが、そのシドニーのカキの旨さは日本譲りなのだ。こちらの養殖業者は大変研究熱心で、日本にカキの養殖の勉強に行く。志摩半島にある佐藤カキ養殖研究所（ええと、この名前は正確ではないかもしれない。とにかく、今は亡くなってしまったが佐藤さんというカキ養殖の権威がおられて、その佐藤さんが作った研究所なのだ。今でも、この研究所は活動を続けていると思う）を十数年前にオーストラリア人の友人と訪ねた時に、友人がオーストラリア人と知ると、研究所の研究員が、オーストラリアからは専門家がカキ養殖の研修にやって来るし、自分たちも指導のためによくオーストラリアに出かける、といって、オーストラリアのカキ養殖所の人間の名刺を見せてくれた。なんと、その養殖所が私たちの住むところのすぐ近くなので、オーストラリアと日本の縁がこんなに身近なところにあったのかと私も友人も大いに興奮した。

そのような業者の努力もあって、オーストラリアのカキは旨い。こちらには、大きく分けて二種類のカキがある。一つは、フランスでよく食べられるブロムという丸形のカキ。もう一つは、オーストラリア人が「オーシャン・オイスター」と呼ぶ、いわゆる日本のマガキである。

この「オーシャン・オイスター」は、日本のカキより旨いのではないかと思う。とにかく、身のきめが細かい。ぷっくりふくれた腹のあたりの色はほんのり黄金色。舌触りは上質の乳脂のようで、味はとろりと濃厚。それに比べると日本のカキは舌触りが固く、全体に痩《や》せていて、味わいの濃厚さが不足しているように思える。日本から学んだ養殖技術で日本より美味しいカキを作るとは、偉いもんじゃないか。これこそ出藍《しゅつらん》の誉《ほま》れというやつだ。

日本のカキ養殖技術の恩恵を受けているのはオーストラリアだけじゃない。生ガキの本場フランスはもっと大きい恩恵を受けている。というのは、いつだったかかなり前のことになるが、フランスのカキが全滅したことがある。

フランスのカキの養殖は、日本のように棚《たな》を作って吊す方法ではなく、水田のような形に仕切った養殖池で行う。ある年、ちょうど雄のカキが精子を放出する時に水位の変動があってその精子が雌のカキに届かなかったのだそうだ。それで卵子が受精できずに全滅した。

日本のように棚で吊して養殖すれば水位の変動の影響を受けることはないのだが、養殖池では海の潮位の影響を受けてしまう。で、急遽日本からカキの種苗を輸入してフランスのカキ養殖業は息を吹き返した（受精した卵子から生まれた幼生はプランクトンのような形で海中を漂っているが、〇・四ミリくらいの大きさになったところで、ホタテの貝殻などを入れてやるとそれに付着して稚貝になる。そのごく初期の稚貝のことを種苗。あるいは、種ガキともいう。

日本の棚式養殖ではホタテの貝殻を使う。養殖用に使うホタテの貝は普通我々が食べるものより大きいように思える。初期の段階では、そのホタテ貝の表面に黒いつぶつぶのようになって見える稚貝が、どんどん育ってきて、数か月経って引き上げると、大きく育ったカキに覆われてホタテ貝の本体が見えないくらいになっている。で、業者は、その中から、良さそうなものを残して他のものは間引きする。これが結構大変な作業だ）。

十年くらい前まではフランスは日本からカキの種苗を毎年輸入していた。今でも、そうなんじゃないのかな。このカキの種苗（種ガキ）はアメリカにも輸出されている。欧米では、生ガキは食通の食べるものとなっているが、パリやニューヨークの高級レストランで、高い金を払って食べる生ガキもその本籍地は日本かと思うと、にやりとしてしまうね。

タイのカキソースは臭いが旨い

中華料理でカキというと中国語で、「蠔油《ハオユ》」だろう。日本では英語で、オイスター・ソースと呼ばれるのが一般的だ。皆さんもよく中華料理屋で食べたことがあるでしょう。あの茶色でべたべたした、甘ったるい味のソースだ。

もともとオイスター・ソースはいったん塩漬けにして干したカキの身を煮て、その煮汁を煮詰めたものだというが、今市場に出回っているオイスター・ソースは製造業者によってそれぞれの作り方があるようだ。ある者は、カキを煮詰めたエキスを使うといい、ある者はカキを丸ごとすりつぶして煮詰めるという。

まあ、基本的にはカキの煮汁を煮詰めてそれにいろいろ業者独特の味付けをしたものなのだろう。しかし、元はカキだから、大体同じような味になる。出来の悪いオイスター・ソースを大量に使われるとうんざりするが、上質のオイスター・ソースを上手に使うと、料理にこくが出て塩梅《あんばい》がよい。といって、何でもかんでも使われるのは困るけれど。

同じカキを使ったソースでも、タイのカキソース、ナム・マン・ホイは中国のオイスター・ソースとはだいぶ違う。これは、カキを塩漬けにして発酵《はっこう》させたものの上澄みを使って作る。当然、臭い。私はこの手の発酵製品の臭さが大好きで、タイの市場に行った時には、あまりに多くの発酵調味料が並んでいるので、あれも欲しい、これも欲しいと発狂的になりましたね。

このナム・マン・ホイを炒め物に使うと、しかも、味付けにナンプラーを使うと、臭い・臭いと臭さが二乗になって、私なんか嬉しくて震えます（ナンプラーというのは、ベトナムのニヨクマムと同じもので、日本のキビナゴにそっくりの魚を塩漬けにして発酵させたものを絞った魚醬《ぎょしょう》の一種だ。魚醬は東南アジアでは広く使われているが、日本でも「いしり」とか「しょっつる」などという魚醬がある）。

てなことを書き続けてきてふと思ったが、中原中也が死んだのは三十歳。私はといえば、もはや、中原中也の倍も生きてしまった。などというと、天才詩人と我が身を比べて、「おれなんか、豚のようにがつがつものを食べ続けて、くだらないものを書き散らすだけで、恥多いことだ」と反省するんだろうと思うでしょう。わ、は、は、飛んでもない。私はもっともっと美味しいものを食べて、恥知らずに生きるんだい。ああ、「のんどがなります、かきがらと」だよ。

野菜不足解消はこれで万全だ、の巻

野菜を食べないと壊血病になる（!?）

私の場合野菜ということになると、美味しい不味いより先に、健康の方に頭が行く。野菜を食べないと健康に悪いと思いこんでいる。野菜を食べないと壊血病になると、子供のころは本気で怯《おび》えていた。

壊血病とは昔の船乗りたちがかかった病気で、身体衰弱、歯茎出血、皮膚出血、腎臓、肺障害などを次々に起こして、最後に死んでしまうというから恐ろしい。壊血病という言葉は私にとって恐怖の言葉だった。

私はスティーブンソンの『宝島』をはじめ、帆船《はんせん》に乗って冒険の旅に出る物語が好きだった。そのような帆船の絡む冒険物語の中で、怖いものがいくつもあった。水夫たちがばたばたと死んでいく壊血病、幽霊船、大竜巻、大渦巻き、死の海サルガッソ、などが特に怖かった。

幽霊船の物語はいくつもある。中で一番怖いのは、漂っている船に乗り込んでみたら、水夫の服を着た骸骨《がいこつ》が散乱しており、中央の帆柱には船長の制服を着た骸骨が太くて長い釘《くぎ》を頭に打ち込まれてぶら下がっている、というものである。夜になると、その骸骨たちが生き返って元の船乗りの姿になって、お互いに激しく殺し合う。朝になると、また骸骨になって転がっている。

これは船に乗っていた僧侶を殺した罰で、水夫たちが反乱を起こし船長も頭に釘を打ち込まれて殺されるのだが、死んでもそれで終わりではない。僧侶の呪いは深く、誰かがその呪いをといてやるまで毎晩生き返っては殺し合い、朝になると骸骨に戻り、ということを無限に繰り返さなければならないというのである。

最後に、船に乗り込んだ人間が大地の土を運んできてかけてやると、骸骨はほっとして崩れ落ちていく。この、夜になると骸骨が全員生き返って殺し合いを始めるところが何とも恐ろしかった。

帆船時代からだいぶ時代が下がるが、ある船が航海中にもう一艘《いっそう》の船に出会うという話もある。接近したがその船からは反応がない。何だかおかしいというので、船を寄せて乗り込んで

野菜は
たべたほうがいい
さもないと
カイケツ病になる

みると、その船には誰一人乗っていない。それなのに、今まで人がいたと思わせる痕跡が濃厚だ。航海日誌は書き込みの最中のようだし、コーヒーも今沸《わ》いたばかり。船内はきちんと整っていて争った跡もない。それなのに、誰もいない。無人の船が大海を航行していた、というのである。

血なまぐさいことは何一つないが、では、それまで乗っていた船乗りたちはどこへ消えたか、それを考えると気味が悪くて身震いがする。

大竜巻は少年雑誌で見た絵が忘れられない。昔の少年雑誌の巻頭は今のように写真ではなく、絵が主流だった。私の見た大竜巻の絵の中央には帆船が大波に揉《も》まれていて、その周囲に十数本の竜巻が立って今にも帆船を巻き込もうとしている様が描かれている。前後左右巨大な竜巻に囲まれて絶体絶命。絵を見ている私も生きた心地がしない。

大渦巻きの話はポーも書いている。ポーの小説では主人公が大渦巻きに巻き込まれて、渦巻きの外側の縁から、どんどん渦巻きの中心に呑み込まれていく様子が実に写実的に（といったって、すべてはポーの想像力の賜物《たまもの》だが）書き込まれている。渦の中心に巻き込まれてはおしまいだ。読んでいて恐怖で舌が引きつった。

サルガッソ海の海域は風が吹かず、しかも海底から無数の巨大な海藻が生えていて、その海域に帆船が紛れ込むと風が吹かないから進めないという。さらに、海藻が船の舵《かじ》にからまりついて身動き取れなくなる。船員たちは、にっちもさっちもいかず、そのまま船の上で飢え死に、乾き死にをするのである。

帆船ではなく強力なエンジンを持った船なら問題ないだろうと思ったら、いや、海藻がからまってスクリューが回らなくなるという。海藻くらいスクリューでぶち切ることができるだろうと思うと、そうではないと書かれている。あまりにたくさんの海藻が次々にからんでくるのでスクリューもついに動けなくなり、結局船は立ち往生する、というのである。

本当かしらと疑いながらも、これはこわい。風も吹かず、海藻でびっしり埋まった海上で動けなくなったら地獄だ。風もないトロリとした海で、動けなくなった船が海藻に包まれて乗組員もろとも朽ち果てているなんて実に恐ろしい。

（と書いておいて、本当のことをばらすのはつまらぬことだが、あまりでたらめをそのままにして置くと、ただでさえ信用されていない私の人格がさらに深く疑われることになるといけないので事実を書く。

本当のサルガッソ海はバハマ諸島の東にある海域で、サルガッソというのはもともとホンダワラのことである。サルガッソ海域には巨大な海藻が海底から生えているのではなく、大量のホンダワラが表面に浮かんでいるのだ。

確かに昔はそのホンダワラに巻き付かれて船が難破するという話があったらしいが、よほど小さな船かボートでなければホンダワラごときで難破するとは考えづらい。ただ、本当に風がなくなったとしたら帆船は困っただろうが、最近はサルガッソ海で船が動けなくなったという話も聞かないので、あれはやはり大げさな作り話だったのだろう。

もっとも、サルガッソ海のホンダワラの量は大変なもので、しかも、サルガッソ海は雨より蒸発する水の方が多く、塩分濃度が高いためにプランクトンも少ないせいで、大変に澄んでいて美しいのだそうだ。海の美しさと大量のホンダワラの汚らしさの対比のすごさが、そんな伝説を生んだのかもしれない。しかし、事実より空想の方がよっぽど面白い。私の頭の中では、サルガッソ海はいまだにホンダワラの漂う美しい海ではなく、巨大な海藻が水面にまで繁茂する、船の墓場になっている。)

壊血病は作り話ではない。本当の話だ。しかし、その原因はビタミンCの欠乏によることが現在は分かっている。なぜ船乗りたちが壊血病にかかったかというと、長い航海の間に野菜を食べられなかったからである。

私の親なんてのはひどいもんで、私が野菜を食べないと壊血病になると脅した。いくら野菜を食べないといっても、普通の食生活をしていればビタミンCがそれほど極端に欠乏することはないはずだが、親を疑うことを知らない私は本気で信じてしまった。親にしてみれば、子供の健康のため、教育のために脅しもしたのだろうが、壊血病なんか持ち出されたんじゃたまらない。おかげで、今でも私は「野菜を食べなきゃ、食べなきゃ」という強迫観念にとらわれている。

便利な、獅子唐辛子の炒め物

自分自身の持つ強迫観念のせいか、私も自分の子供に野菜を食べるようにしつけた。長男がまだ幼い時にピーマンが嫌いだといった。で、私は長男の前の皿にピーマンを取って「嫌いなら、好きになるまで食べなさい」といった。長男は眼をぱちくりさせて無理矢理食べた。そんなことが一二度あって次にまた食卓にピーマンが乗っているのを見たとき、長男は、「お父さん、僕ピーマンが好きになった」といった。

で、私は「そうか、それは良かった。好きならどんどん食べなさい」といって長男の皿にピーマンをたくさん取ってやった。その時の長男の絶望的な表情はいまだに忘れられない。幼い頭で「好きになったといえば、ではよし、ということになってこれ以上食べなくてもよくなる」と思ったのだろうが、私だって昔は子供だったんだ、子供がどんなことを企むかよく知っている。長男も自分の子供ができたら、私と同じことをするのだろうか。

もちろん長男は今ではピーマンが大好きで、ピーマンを通り過ぎて唐辛子狂になってしまった。中でも、沖縄に住んでいる私の友人がくれた沖縄の小さな唐辛子を潰して練った、口から火がでるほど辛い練り唐辛子がお気に入りで、それを何にでもつけて食べる。長男の友人にはマレー系のマレーシア人やインドネシア人がいるので、彼らの影響もあるようだ。

私も以前は辛いものが大好きで、タイ料理を食べに行っても唐辛子を選んで食べるので、心配した連れ合いが別の皿に隠すほどだったが、今は辛いものにひどく弱くなってしまった。長男にはとてもかなわない。ピーマンを前にしょんぼりしていたあの可愛い男の子が、今やひげを生やして唐辛子を食べて、えっへっへっとえらそうな顔をして威張っている。こういう時だね、月日が経ったことを痛感するのは。

唐辛子は普通野菜には分類しない。香草の類に入れられるだろう。しかし、獅子唐辛子は野菜だろうな。私は最近は日本へ行くとアパートを借りて自炊することが多いが、一人分の食べ物を作るというのは大変に難しい。私は大人数の家に育ったし、今の私の家族も親子だけで六人になり、時に子供たちの友人やら私の客が来ると十人くらいになってしまう。そんな訳で、私はどうも大人数の料理になれてしまっているから、つい、量を作りすぎてしまうのだ。

うっかり野菜炒めなど作ると一度では食べきれずに残る。私はけちな性分だから残ったものを捨てることができない。プラスチックの容器に入れて冷蔵庫にしまって置く。すると、これを食べるのを忘れる。忘れないとなると、二三日同じものを食べることになる。同じものを続けて食べるのは飽きる。量のある野菜料理はしないことだ。そこで便利なのは獅子唐辛子である。一パック使うとちょうど一人前の炒め物ができる。

私の獅子唐辛子炒めの作り方は実に簡単。中華鍋にごま油をたっぷり取る。強火にかけてごま油から少し煙が立ちはじめようかという頃合いに獅子唐辛子を一気に放り込む。その前に、獅子唐辛子に縦に切れ目を入れておくと熱した時にふくらんで弾ける恐れがない。

強火のまま鍋を動かしてまんべんなく熱が通るようにしてやると、獅子唐辛子の表面の皮が少し白くなってくる。その時期を逃さず一気に醤油をかけ回し、鍋を火から下ろす。味付けは醤油だけ。余計なものは入れない。もちろん、ごま油はよいものを使うこと。

これを、熱いうちに食べる。ごま油の風味と獅子唐辛子のほろ苦い味とがえらくよく合って、一膳の飯などそれだけでざっぱざっぱと食べきってしまう。

美味いだけでなく、獅子唐辛子は色といい香りといい、力がある。「野菜すなわち健康」という強迫観念にとらわれている私は、これは身体にいいだろう、これで安心、とほっとする(そう思いこみたいので、あえて獅子唐辛子の栄養分の実際のところを確かめずにいる)。

ただ、獅子唐辛子で困るのは、何本かに一本、唐辛子の本領を発揮しているものがあることだ。厄介なことに最初の一噛みでは分からない。二噛みくらいしたところで、強烈な辛さが襲ってくる。その時には辛さが口中に回っていて、逃れようがない。この辛さたるや場合によっては、しばらくは気を失っていた方がよいほどのものである。これが、外観からは判断できないところが難儀なところだ。

時によっては一パックに四本くらい本領を発揮しているものがある。そういう時はただ泣くしかない。一体どれが辛いやつなのか、これが辛いのではなかろうか、とはらはらどきどきしながら食べることになる。まるで、ロシアン・ルーレットだ。

私の経験では、唐辛子は気温の高い地方で育てたものほど辛い。韓国のキムチが見た目ほど辛くはなく、タイのカレーが見た目からは想像もできないほど辛いのもその土地の気温の差によるものだと思う。とすると、獅子唐辛子を買う時に九州や四国のものより、東北や北海道のものの方がロシアン・ルーレットに当たる確率は低いことになると思うのだが、果たしてそのあたりのことはどうなっているか、はっきりしない。

日干しのトマトを使ったサンドイッチ

トマトというやつも、自炊している時には頼りになる。トマトを一個食べるとこれで野菜不足解消とほっとする（どうも、私の野菜がらみの強迫観念は実に強固なものであるらしい）。

以前、西オーストラリアの農家を訪ねたら、家の前のザルの上に、半分に切ったトマトを干してある。これは何だと聞くと、サン・ドライド・トマトを作っているのだという。農家の主婦はイタリア出身で、サン・ドライド・トマトは欠かせないのだそうだ。この日干しのトマトをオリーブ・オイルに漬けて柔らかくしてサンドイッチに挟むとこれが素敵に美味しい。

私の家の定番となったものに、ターキッシュ・ブレッド（トルコ風のパンといってもいろいろの種類があるが、私たちが使うのは幅二十センチ、長さ七、八十センチ、厚さ三センチほどの、平べったいパンである。表面にゴマをまぶしてあるから香ばしい。しかも二枚に開くことができる）のサンドイッチがある。パンを十二、三センチほどの長さに切り、いなり寿司を作るときに油揚げを開くように、開く。

その間に、ハム（もも肉を丸ごと一本ハムにしたもの。これを、買うときに薄く切ってもらう。このハムが日本にないので往生する。日本にあるハムは、プレス・ハムか、ロース・ハムだ。プレス・ハムは自然な味がしないし、ロース・ハムは火を通しすぎでぱさぱさして味気がない）、ブリーあるいはカマンベール・チーズの厚切り（周りの白い部分も一緒に使う）、アボガド、ロケット（イタリア語ではルッコラ）その他の野菜、そしてオリーブ・オイルに漬けておいたサン・ドライド・トマトを挟む。

かなりたっぷりした分量のサンドイッチになるが、サン・ドライド・トマトの力で、全体にだれたりせず、最後までがつがつ食べることができる。サン・ドライド・トマトが入るのと入らないのとではサンドイッチの味がまるで違う。日本ではサン・ドライド・トマトはあまり売っていないのが残念だ。トマトを日に干すという感覚が日本人にはないのだろう。

売っていなければ自分で作ればよい。作り方は簡単で、よく熟れたトマトを半分に切って、身の方を上向きにして強い日に干す。一日で干し上がらなかったら、さらに日をかけてもよいだろう。あまりからからに乾燥させる必要はない。生のところが少し残っている方が、旨味がある。

日に干すと、当然ながら生の時と別物の味になる。イカとスルメほどの違いがあるかもしれない。天日の力は大したものだ。大根も、生の大根も美味しいが、干したものは実に深くて複雑な美味しさを楽しませてくれる。細く切った切り干し大根も美味しいが、私は縦に四つ割りにした「割り干し大根」が好きだ。

以前京都で買った割り干し大根は、完全に四つ割りにしておらず、葉の付け根あたりで包丁をとめてある。そのまま干すから、干し上がると、四本脚のタコのような形で、まずその形がよい。それを、戻してから角切りにし、出汁を効かせて煮るのだが、煮上がると割り干し大根はふくらんで、いい歯ごたえに仕上がる。私は油揚げや薩摩揚げと一緒に煮るのが、好きだ。

その割り干し大根の煮付けを食べながら、日本酒をがぶりがぶりと飲むと、割り干し大根の持つ畑の香り、お日様の香り、が口一杯に広がる。割り干しにすると大根の味も複雑玄妙になる。割り干し大根。見た目にはさえないが、食べてみると、その味の豊かさが心にしみる。おっと、ここで紙数が尽きた。今回はこれにておしまい。

恐るべし、目玉焼トリュフ覆いの魔力

ドリアンよ、どうしてきみが果物の王様なんだろうか。

匂いとか、香りというのは不思議なもので、食べ物の味を決める一番の要素は香りではなかろうか。

試しに鼻をつまんでものを食べてご覧。味が分からなくなるから。

世の中に味音痴とか、食べ物の味なんかどうでもよい、という人は少なくない。

宗教的な禁忌を抱えている人は仕方がないが、食べ物の味を云々するのは不謹慎だ、食べられるだけで感謝しなければいけない、などという厳格な道徳家については、私はかなりのところ、その人間は道徳家であること以前に、嗅覚に欠陥があるのではないのかと疑っている。

ただの味音痴は、九割方嗅覚にも欠陥がある。味がよく分からないという人は、まず耳鼻咽喉科で嗅覚を調べてもらった方がよい。どんなに優秀な料理人でも、風邪を引いて鼻が利かないときには優れた料理は作れない。

ところがこの匂いというのは不思議なもので、人によって同じものの匂いの、好き嫌いが甚だしいものがある。

もちろん、万人に好まれる匂いはある。イチゴ、ミカン、バナナ、などの果物類の匂いはみんなに好かれるだろう。

中には例外もある。あの、ドリアン、である。人によってはドリアンを果物の王様という。私にはどうしてもそれが理解できない。

あの匂いはものすごい。ドリアンが好きな人には申し訳ないが、あれは匂いではなく臭気である。何といったらよいのだろうか、何かが腐敗したような臭気である。熟成の始まった堆肥《たいひ》のような臭さである。

ついでの話だが、東南アジアのホテルや飛行機には、ドリアンの持ち込みが禁止されている。あの臭気に耐えられない人が少なからずいて、特に白人系の人間は自分たちはすさまじい腋臭《わきが》の臭気をプンプンさせているのに全くのお手上げなので、白人系をよいお客としている航空会社やホテルはドリアンを持ち込み禁止にしないわけには行かないのだ。

私は一度、マレーシアで、いろいろとお世話になった医師の家に招かれて食事をご馳走になったが、最後に出てきたドリアンには閉口した。あの臭気もそうだが、これが果物には付きものの爽やかな酸味というものが全くないのだ。更に、食感が私には辛い。べたべたもこもこして、飲み込むのが辛い。

医師の婦人は自慢気に「ドリアンは市場で買ってきたものは駄目。よく熟れたものを選んでもぎ取ってきたものが最高なのよ。そして、このドリアンこそ、最高のドリアンなのよ」とのたまう。

ドリアンはフットボールくらいの大きさで、その中に鶏卵ほどの大きさの房になった実が入っている。その一つの房を食べるのにこちらは全身に汗を浮かべて苦悶した。一房で精も根も尽き果てて、二房めにはとても手が出なかった。苦しみながら考えた。

「どうしてこれが果物の王様なんだ」

だが、これが病みつきになると、大変なものであるらしく、そこの家のお嬢さんはオーストラリアに留学しているが、休暇で帰ってくるたびに、一気にドリアンを二つ食べるという。一房ではありませんよ。フットボール大の実を二つですよ。

人の好みは分からないものです。

私はトリュフを熱狂的に愛する人間である

日本食はあっさりしていて、匂いのきついものはないと思っていたら、なかなかそうではない。

あるとき子供たちを春に京都に連れていったら、「どこの店に行っても、たいていの料理に山椒《さんしょう》を使っているので疲れた」といわれて、なるほど、と思った。

負うた子に教えられる、ということわざがあるが、我々は、山椒を使うことを普通のことのように思っていて、マヒしている。その点子供たちの新鮮な感覚は敏感に山椒を感じ取って、何にでも使いすぎるのはおかしいと異議を提出したわけで、これは子供たちの勝ちだ。我々が鈍感だったのだ。

京料理は山椒を確かに使いすぎる。

子供たちに指摘されてから、妙にそれが気になって注意して食べているが、京料理に限らず、ちょっとしゃれた日本料理屋に行くと、他に能がないのかと尋ねたくなるほど、山椒を使う。

山椒は食べた後の舌をしびれさせる。時にはそのしびれを不快に感じることもある。

山椒のようなものは、ほんのちょっと使ってこそありがたみがあるのであって、今の料理屋のように、まるでそれが決まりででもあるかのように山椒を使いすぎるのは、鈍感すぎるというものだろう。

我々日本人の食事には発酵食品が多く登場する。その中でも、味噌、醬油はなくてはならない食べ物だが、この、味噌というものが実は匂いの強い食べ物である。

私たちにはごくあっさりした味わいである味噌汁を、西洋人はかなり強い匂いのものに感じるようである。

西洋人は腋臭だけでなく体臭がきつくて、エレベーターに乗ったらそこにいた西洋人の体臭の凄さに息の詰まるような思いをすることがよくあるが、彼らは彼らで、日本人は味噌汁の体臭がするという。

そういわれてみれば、私たちは味噌を選ぶのに、味もそうだが、香りを第一に選んでいることに気がついた。味噌汁の椀から立ちのぼる味噌汁の匂い。これで、私たちは恍惚となってしまうのだが、恍惚となる人間がいるということは、鼻をつまんで逃げ出したくなる人間もいるということだ。

日本人が熱狂的に愛するのは松茸《まつたけ》の香りだが、これがフランス人にはおがくずのような匂いにしか感じないという。

日本人の心を震わせる松茸の香りがおがくずの香りとは、なんということ。これ一つだけでフランス人が嫌いになる人間が現れても不思議ではない。

そのフランス人が、熱狂的に愛するのがトリュフである。

私もフランス人と同じくらいにトリュフを熱狂的に愛する人間である。

私に、トリュフの真価を教えてくれたのは、ミシュランの三つ星を若くして取ったばかりのレストラン「ランブロワジー」のパコーさんである。今の店ではない以前の小さなレストランにいたころ、パコーさんは私を厨房《ちゅうぼう》に連れていって、「僕の自慢のトリュフを見てくれ」といって、プラスティックの蓋をした大きなステンレスのボウルを取りだした。その蓋をとって、「匂いをかいでくれ」といって私の前に差し出した。

その匂いを嗅いだ瞬間、私は目が回るような感じに襲われた。その香りの素晴らしさ。アセチレンガスの匂いに若干似ているが、人の魂を引き込み、とろけさせる。私は陶然となった。

そんな凄い匂いの食べ物に出会ったのは初めてだった。

パコーさんがそのトリュフで作ってくれた料理の美味しさは忘れられない。

それ以来私は、トリュフ狂になってしまった。

「フォワグラのパテ、トリュフ詰め」の罪

日本に限らず、よく、フォワグラのパテ、トリュフ詰めなどという料理が出る。フォワグラ

のパテの真ん中に黒い物体が入っている。それがトリュフであるという。

そんなトリュフを食べていたら、トリュフなんてものは、固くて黒くて何の味もしない邪魔くさいもので、こんなものをありがたがるフランス人はどうかしている、と思うのは当然である。

一度、本物のトリュフを食べたら、二度とその魅力から逃れることはできない。シドニーでもトリュフを食べることができる。二月にはフランスからの輸入品。七月にはタスマニアからのトリュフが手に入る。

私の家の近くにサイモン・ジョンソンという高級食材店がある。私の家のあるキャッスルクラグという地域は住宅街だが、シドニーでは特に高級住宅街というわけではない。他にもっと高級な住宅街がいくつもある。それなのに、どうしてオーストラリアでも有名なサイモン・ジョンソンが出店をしたか不思議なのだが、五年ほど経つのにまだつぶれないからには何とか商売が成り立っているのだろう。それにしても厳しいだろうな、と私はその店の営業状態を心配していた。

ところがぎっちょん、飛んでもない。このキャッスルクラグの人間は油断がならないということが分かった。

あるとき偶然、その店に入ったらトリュフ予約中、とサインボードに書かれているではないか。驚いて、本当のトリュフか、と尋ねると、もちろんフランスからのものだという。喜び勇んで予約をすると、店の人間が予約の帳面をとりだした。驚くべきことに、すでに二十人以上の人間が私の前に注文しているではないか。

しばらくして、入ったと連絡があって、トリュフを取りに行った。その夜はトリュフ料理で堪能した。

トリュフのサンドイッチも素晴らしかった。こんな素晴らしいサンドイッチはちょっと他に考えつかない。

トリュフ・バターもよいものである。トリュフ・バターの作り方は、シドニーだけでなく、世界的に有名な「テツヤ・レストラン」の和久田哲也さんに教えてもらった。

そのレシピ。**発酵バター二百五十グラム（日本では発酵バターは入手が難しいかもしれないが）を室温に戻し、本物のパルメザン・チーズ（パルミジャーノ・レッジャーノ）六十グラム、それにトリュフを自分の懐具合と好みに合わせて刻んでまぜる。**

サワードウのパンにこのトリュフ・バターをつけて食べると、これはワインがいくらあっても足りない。

キャッスルクラグの人間が油断ならないと思ったのはそれからだ。

予約で注文したとはいえ、予約以上に入荷したといってきたので、それを信用して、どうしてもトリュフを食べたいと二、三日して再び買いに行ったら、たくさん入荷したのに全部売り切れたといわれたのだ。じゃ、すぐに注文してくれといったら、もう今年の分の輸入量は売り尽くしたので来年まで待ってくれといわれてしまった。

こんな小さな町で、そんなにトリュフが好きな人間がいるのか。なんという町だ、と、自分の住んでいるキャッスルクラグの人間を激しく憎みましたね。

こうなると我慢ができなくなるのが私の悪いところで、つてをたどって他の輸入業者を探し当てて無理やり手に入れた。いったんその魅力に取りつかれると、そんな風に無理を重ねてでも手に入れたくなるのがトリュフの恐ろしいところなのだ。

こんな美味しい目玉焼が世の中にあるのか⁉

ところで最近私と仲のよい若いシェフ、犬飼さんが独立して自分の店を出した。犬飼さんはシドニーでも人気のあるブティック・ホテルのシェフを務め、そのホテルのレストランを帽子一つの店にまで引き上げて、ホテルの人気をますます高めたので、ホテル側が簡単には辞めさせてくれず、代わりに日本から自分の後輩を呼び寄せ、ホテルに満足させ、やっと辞めることができたのである。

ちょうど日本から、私が会社勤めをしているときに散々迷惑をおかけした先輩ご夫婦がシドニーに遊びに来てくれたので、お連れした。

店の外観が白くて非常に気取りのない造りで、気軽に入りやすい。店の外観の「白」と自分の名前の「春信」をかけあわせて、「Blancharu」という名にした。シドニーに来られたら是非お寄り下さい。私のお勧めで来た、とシェフにいって下さい。絶対ご満足いただけるものを味わえます。値段も手ごろです。

で、その時、犬飼さんが「雁屋さん、トリュフのいいのが入りました」といった。

彼も、私がトリュフ狂であることを知っているのである。

「わあ、食べさせてくれえ」と一も二もなくお願いした。

そして彼が、おもむろに持ってやってきたのが、個人用の小さなフライパンである。みんなの前にそれぞれその小さなフライパンを置く。

そのフライパンには目玉焼が乗っている。それだけである。それを目の前に置かれて、私も、先輩夫妻も、いぶかる。

そこで、犬飼さんがやおら取りだしたのがトリュフとトリュフ・スライサーである。

フライパンの目玉焼の上に、これでもか、これでもか、という具合に、スライサーで、目玉焼をトリュフのスライスで覆《おお》っていく。

目玉焼をトリュフで覆いつくして、犬飼さんが「さあ、どうぞ」という。

私たちは、おそるおそる手を付けました。

ひゃあ、その美味しいこと。

こんな美味しい目玉焼が世の中にあるのか。ジーンと、心に染みわたりました。

考えてみれば、トリュフ料理といってもいろいろあって、『美味しんぼ』なんて漫画を二十七年も書いている私は、すれきっていると思ったのだろう。すれた人間に、手をかけたトリュフ料理を出したところで、あれこれ文句をいうに違いない。

それならトリュフの味を、単純無比にそれだけしっかり味わう料理がよい。

その結果が目玉焼トリュフ覆いだったのだ。

実に感動しましたね。

同時に、トリュフというのはどうしてこんなに美味しいのか、まるで麻薬患者が麻薬にありついたときのような、恍惚感にしびれました（いや、麻薬の件は単なる想像です。ただ、こんなものかな、と）。

で、この目玉焼トリュフ覆いを食べて、私は私のトリュフ感を再確認した。

私は、トリュフのサンドイッチにも涙したが、とにかくトリュフの味をしっかり味わいたかったら、なるべく余計なものを入れないことだ。

よく、フランス料理のシェフがある食材を引き立てるためにトリュフを使うが、私は、そんなことをしないで、逆にトリュフを引き立てる食材を探してもらいたいと思うのだ。

日本人はトリュフを縁遠いものだと思っているようだが、そんなことはない。

トリュフは日本でも買えるし、丹波の松茸より安いし、今書いた目玉焼のトリュフ覆いなんか、その気になれば自分でも作れる。

どうか、本物のトリュフに挑戦して、トリュフの真価を味わっていただきたい。

とにかく、トリュフのあの香りにとらわれたら、人生がまた一つ豊かになりますよ。

食欲をそそらない、朝食の話あれこれ

今回は、私にとって「一番……だった朝食」特集と参りましょう。
まずは、

一番つらかった朝食

大学を出て、人並みに会社勤めなどという私には絶対無理な生き方をしていた頃のことである。

（余談ですが、私にとって、会社勤めが無理であった理由を挙げるなら、まず第一にネクタイを締めるのが嫌いなこと。私はちょっとおしゃれをして食事に行こう、というのなら背広を着てネクタイを締めるのも嫌いではないのだが、こちらの気分にお構いなしに毎日ネクタイをしろといわれると、絶対にしたくなくなるのである。第二に、雨の日に外に出るのが嫌いなこと。私の連れ合いは、私を『張り子の哲』と呼ぶ。『張り子』とは紙で作った人形で、水に濡れると弱い。私も雨に弱いのだ。その私に、会社は雨の日にも出勤しろなどとむごいことをいうんだもの。第三に、朝九時という馬鹿げた時間までに出勤しなければならないこと。遊びのためなら朝四時でも構わないが、仕事のために九時などと身体中がまだ眠っている時間に会社に来いとはどういう了見だ。私は、『明日できることは今日するな』という厳しい考えのもとに生きているのだが、今日の仕事は今日中にしてしまおう、などという間違った考えに毒されている人間が会社には多すぎる。第四に、結局は何か仕事をしなければならないこと。私は会社に入って、ぶらぶらしていればそのうち社長になれるだろうと思っていたのだが、そうではなかった。驚くべきことに、夜の五時過ぎまで会社に残って働く人間までいたのである。いや、正確にいえば、五時に退社するのは私だけだった。働くなんて、私にとっては途方もないことで、働くくらいなら会社に勤める意味がないと私は思った。）

ま、その会社勤めのある日、私は友人たちと夜遅くまで大酒を飲んで、結局一人の友人の家に泊めてもらうことになった。翌朝、友人は会議があるからといって、九時に間に合うように家を出た。私は、最初から九時に間に合うように行く気なんかないし、第一、前の晩飲み過ぎたからひどい二日酔で、起きるのもつらい有様。自分の家ならそのまま、会社を休んでしまうのだが、友人の母親の手前、そうもならず無理矢理起き出すと、友人の母親が朝食をどうぞと勧めてくれる。

断るわけにには行かない。食卓に着くと、なんと、出されたのがカレーライスである。私はカレーは好きだ。しかし、二日酔の経験のある方にお尋ねしたい。あなた、お皿に山盛りのカレーライスというものが、ひどい二日酔の朝に望ましいものだと思いますか。私は、七転八倒したです。ここで断ったら、ににこと穏やかに親切心に満ちた笑顔で勧めてくれる友人の母親を傷つけることになる。私は、死ぬ気で食べました。そして、そのあと二三日死んでいました。

一番高かった朝食

私は、ロンドンに住む友人に誘われて、九八年のサッカー・ワールド・カップ、日本対クロアチアの試合を見に行った。ロンドンを基地にしてフランスのナントまでサッカーを見に行くという企画だった。私は、サッカーを見たあともロンドンに数日滞在したのだが、その時泊まったホテルの朝食が凄かった。

そのホテル自体、上の上という高級ホテルではなかったのだが、目玉焼とトーストパン、ミルク、紅茶、これで二十六ポンドしたのである。当時、一ポンドは二百円をこえていた。二百円としても五千二百円だ。もう一度いう。目玉焼、トーストパン、ミルク、紅茶、これだけで五千二百円以上したのである。私が今までに食べた一番高い朝食だった。で、味の方はどうだったかとお尋ねなさるか。これが少しでも美味しかったら、もう少し私の対英感情もよくなったのだろうが、そのものは味を云々するに値せず、私は日英同盟を再び結ぶことに積極的にはなれない。

東京の物価は高いと外国人はよくいう。私も、日本の物価は高いと思う。私はオーストラリアに住んでいるので、日本に戻って来るとホテルに滞在することが多い。確かに東京のホテルの朝食の値段は、オーストラリアの物価になれた私にとってはぎょっとするほど高い。しかしロンドンの朝食の値段に比べれば可愛いものだ。ホテルの宿泊代自体、東京のホテルと同程度のホテルの二倍近くする。ロンドンに住む友人は、ポンドが実質以上に高すぎるのだと弁解をしていたが、私には納得が行かない。

いったい誰がいい出したことなのか知らないが、世界で一番美味しい朝食はイギリスの朝食だというのを最近あちこちで目にする。私もイギリスはあちこち行った。厳格な階級社会であるイギリスでは本来なら私のような下々の者がうろうろするべきではないような高級なホテルにも、旅行者の特権を利用して泊まったこともある。

確かに高級ホテルでは、いろいろと仰々しい儀式じみたことをする。ティーポットには冷めないようにカバーをかぶせたティーセットをもったいぶって運んできて、焼きたてのパンはい

世界一
の朝食
目玉焼
トースト
紅茶
ミルク　しめて
5200YEN

かが、熱々のハッシュド・ポテトは、ポーチド・エッグは、さあ、この特製のジャムはどうです、この蜂蜜《はちみつ》も熊ン蜂のものでござんすよ、などと迫り、ティータイムに食べるスコーンのようなものを焼いてきたりもする。まずいとはいわない。しかし、世界一というほどのものか。いや、待てよ、世界で一番美味しい朝食はイギリスの朝食だというのは私の勘違いで、イギリスで一番美味しいのは朝食である、というのだったかな。それだったら、分からないでもないが、私は、これだけはいえる。世界で一番高い朝食はロンドンの朝食である。

一番悲しかった朝食

私は、六歳の時に股関節結核にかかり、それから三年ほどベッドに寝たきりの生活を送った。当時結核に特効のあるストレプトマイシンという抗生物質がアメリカから入ってきていたが、東京の一流の大学病院でも手に入らない。私を助けるのに必死になった父は、父に目をかけてくれていたある人に援助してもらって闇で手に入れて、それを大学病院の医師にこっそり手渡していた。敗戦から三年ほど経った頃だったが、当時の日本は、それくらいものが自由に手に入らなかった。

結核という病気は栄養をつけることが必要である。私の両親は、その物資のない時代に、私に栄養をつけるためのものを手に入れようと苦労した。山羊《やぎ》を飼っている人を見つけると山羊の乳を買いに行ったり、アメリカ軍の払下げ物資という缶詰を手に入れてきたりした。

今では考えられないことだが、当時は卵が貴重品だった。病人のお見舞いは卵が一番とされ、それも桐の箱にもみがらを敷き、そのもみがらに埋めるようにして卵を十個ほど並べる。それが、大変貴重なお見舞いの品だったのである。私には、姉と二人の弟がいる。卵が手に入っても、一個丸ごと食べることができるのは、病気を治さなければならない私だけで、姉と弟たちは一個の卵を分け合って食べなければならなかったのだ。

ある朝、ベッドに横たわっている私の横で、母が私のための朝食の支度を始めた。ご飯に生卵をかけて食べるのが私は大好きだったので、母は椀に卵を割ってくれた。ちょうどその時、父が出勤するために玄関に向かった。母は私の食事の支度を中断して、父を見送るために玄関に行った。残された私は、寝たまま身体を横にして、ベッドの脇の台に母が置いていった椀をとって卵をかき混ぜはじめた。

いつも母がしてくれていたのだが、私は自分でやってみたくなったのである。途中までは非常に上手く行った。嫌いなカラザは取ることができたし、白身と黄身も案配よく混ざった。その時、手が滑った。椀の中身は全部ベッドのシーツの上に流れてしまった。そこに戻ってきた母は、驚いて声を立てた。慌てて、何とか卵を救おうとしたが、よく溶いた卵は私の身体の下にまで流れ込んでしまって、もうどうしようもない。

母にはもちろん叱られたが、私は、姉や弟たちは分けて食べなければならない卵を私一人で丸ごと食べることだけでも心苦しかったのに、おまけにそれを全く無駄にしてしまったことが姉や弟に申し訳なくて情けなくて、母に叱られたより悲しかった。今、スーパーでパックに入って安い値段で山のように積まれて売られている卵を見ると、私は当時のことを思い出して感傷的になるときがある。

一番敗北感を味わった朝食

数年前に、私はマレーシアに行った。それ以前にも行ったことがあるが、その時は、第二次大戦中に日本軍がマレーシアで何をしたか実地に検証するのが目的だった（その時のことを私は『日本人の誇り』飛鳥新社刊、という本にまとめた）。マレーシア第二の都市イポーに、以前知り合った中国系マレーシア人のドクター・チャンという医師（119頁のドリアンの話に登場したのもこの方である）がいて、私の目的を聞くと、協力してくれるというので、イポーまで出かけたのである。

大勢の人に、いろいろ聞いているうちに、日本人である私は顔を上げていられなくなるほど、マレー半島で日本軍は非道なことをしている。とくに、中国系マレーシア人に対しては、中国共産党の手先であると決めつけて、無惨なことをした。誰一人日本軍に殺された者のいない中国系マレーシア人の家族はない、というほどである。いまだに「大東亜戦争はアジア解放のための戦争だった。日本のおかげでアジアは解放された」という人がいるが、そういう人はマレーシアでもシンガポールでも行って現地の中国系の人に話を聞くがよい。

今回はそんな話をするつもりはない。そのドクター・チャンに負けた話である。

ある朝早く、ドクター・チャンと朝食を食べることになった。朝の八時過ぎである。ドクター・チャンは、私とオーストラリア人の私の助手を街の一角の食堂に連れていった。その食堂は、中国系のマレーシア人でごった返している。

ドクター・チャンは、店の前の大鍋をさして、これを食べるのだという。その大鍋の中身は一体何かというと、豚である。豚を頭からしっぽまで適当な大きさに切って鍋にぶち込む。内臓ももちろん入れる。八角などの香料が入った汁でぐつぐつ早朝から煮ていて、今がちょうど食べ頃だという。

ドクター・チャンが注文すると、店の人間は土鍋に豚のいろいろな部分を取り混ぜて入れる。土鍋の大きさは、日本の大振りのラーメンどんぶりの中身が二杯分ほど入る大きさである。

卓について待っていると、店の人間がその土鍋を人数分持ってくる。私は一つの鍋を三人で食べるものと思っていたから、土鍋一つが一人分と知って仰天した。私の助手も眼を剝いている。

ドクター・チャンは、さあ食べろ、と私たちにいいながら、すさまじい勢いで食べはじめる。肉の固まりを両手でもって、ざぶざぶ食べる。私たちも負けじと挑戦した。味は大変によい。八角などの香料が効いていて、豚の臭みはないし、汁の味付けも見事なものだ。

しかし、豚肉である。それも、ラーメンどんぶり二杯分の豚肉である。皮も、しっぽも、内臓も全部入っている。これが、夕食なら何とかなる。分量がこのせめて五分の一なら何とかなる。だが、朝八時過ぎにこのこってりごってりどったりした豚肉の煮込みを、ラーメンどんぶり二杯分食べるのは、私の食習慣からは完全に外れている。私も、私の助手も半分も食べられず、降参した。

ドクター・チャンは、気にもせず、自分の家の犬にやるからといって、店の人間に私たちの残したものをビニール袋に入れさせ、それをぶら下げて帰っていった。もちろんドクター・チャンは、汁をほんの少し残しただけで肉はすべて骨だけになっていた。

中国人にはかなわない、敗北感に打ちひしがれながらホテルにとって返して消化薬を飲んだが、すると余計に敗北感が募ったのであった。


と、まあ、大変に食欲をそそらない朝食の話ばかりで失礼をいたしました。

寿司に関する三題噺——漫画と女性と握り方

秋竜山の漫画「まるでやる気なし」

私は漫画の原作を一九七四年から書いている（実際には一九七二年から書きはじめたが、その時は友人たちとの共作という形を取っていて筆名も今のものとは違う。一九七四年の正月に発行された「少年サンデー」に書いた『男組』が雁屋哲の筆名で書いた最初のものなので、私は漫画原作者としての出発点を一九七四年に設定している）。私の書く漫画は物語性に重点を置いたものなのだが、私自身は、滑稽《こっけい》味と笑いを眼目にしたいわゆるギャグ漫画が好きである。

実は私は小学校の頃から漫画家に憧れた。ノートに、いろいろと漫画を描いたものである。小学校三年生の当時に描いた漫画で今でもその内容を憶えているものがいくつかある。小学校の三年生とはいえ、実に他愛のないものだ。

その中の一つは「一人の少年がいる。少年は学校の先生に、植物は大事にしなければいけない、むやみに折ったり踏んづけたりしてはいけないといわれる。学校の帰りに近くの畑を通ると、大人たちが並んで畑の作物を踏んづけている。少年はその大人たちに、植物を踏んだりしちゃ駄目じゃないか、と抗議する。すると、大人たちは笑って、これは麦踏みだよ、霜柱で持ち上がった麦の根はこうして踏んでやらないと麦は駄目になってしまう。これは麦のためなんだ、といわれて、少年はぎゃふんとなる」というものである。

私は非常に記憶力が悪く、一年前のことになるともはや霧の彼方に霞《かす》んでしまっている。それ以前のこととなるともはや霞どころか深い闇に閉ざされてしまっていて、ふと考えてみると今まで何をどうして生きてきたやら分からなくなって大変不安になる。それほど記憶力の悪い私がこうして小学校三年生の時に描いた自分の漫画のことを憶えているのが全く不思議でならない（思い出す価値のある内容ではないなんて、いっちゃおしまいだよ）。

私は漫画家になりたいと思ったが、いかんせん絵がまるっきり下手だ。同時に、当時人気があった樺島勝一のペン画にも憧れて、樺島勝一流の戦艦大和の絵などを描いたりした。ところが同級生に大変絵の上手な人間がいてその同級生の絵と自分の絵とを比較すると、これはまるでものが違う。私は、ああ、生まれつきの才能の違いとはこういうものか、と痛感して絵を描くことを諦めた。漫画を描くのも頓挫したのである。

ところが、高校生の時に、アメリカの漫画家Saul Steinberg（ソール・スタインバーグ）に魅せられてしまった。スタインバーグは細いかりりとした美しい線で、実に不思議な雰囲気の世界を作り出す（スタインバーグの漫画集はインターネットの本屋で手に入ると思う。漫画に興味のある人は買って見てもらいたい）。スタインバーグの絵を何度も見ているうちに、どうしても自分でもこういう漫画を描いてみたくなった。

今は廃刊になってしまったが、朝日新聞から発行されていた「アサヒグラフ」というグラフ週刊誌を私の家では取っていて、その「アサヒグラフ」に「漫画学校」という呼びもののページがあった。漫画家を目指す素人の投稿を受け付けていて、その「漫画学校」から世に出た漫画家も少なくない。私はスタインバーグばりの漫画を描いてその「漫画学校」に投稿しようと決心したのである。苦心惨憺《さんたん》、何枚ものケント紙を無駄にした挙げ句、一か月かけて二枚の漫画を仕上げた。

一枚は「美しい可憐《かれん》な花に添え木をして、水をやったら、添え木の方が成長して花がしおれてしまった」というもの。もう一つは「広い野原の真ん中で、草に埋もれて錆《さ》びた鉄道の線路を発見した男が、これはくず鉄に売れると喜んで、何本か掘り起こして車に積んでいると、野原の彼方から蒸気機関車が走ってくる」というもの。絵の方も何となく不思議な感じを出せたと思った。これは挑戦せずばなるまいと意気込んで朝日新聞社に送った。送った翌日にその週の「アサヒグラフ」を見たら「漫画学校は終了しました」と告知されていた。

かくして、私の漫画家になる夢は潰《つい》えたのである。ところが、会社勤めをしているときに、大学の同級生で出版社に勤めていた男から「漫画の原作という仕事があるんだぜ」と聞かされて、それは面白い、と始めてみた。それがまあ、どうしたわけか上手くいって、絵も描けない男が漫画の世界でずるずると今まで生きてきてしまったという訳である。

（今回は「寿司のあれこれ」と題打っておいて、こんな具合に自分の漫画歴を語ってどうするとイライラされている読者諸姉諸兄も多かろうと思いますが、もうちょっとの辛抱ですよ。）

自分では滑稽味のある漫画を描きたかったのだから、今でもギャグ漫画が好きなのは当然のことだ。自分で買う漫画の本のほとんどがギャグ漫画だ。私の好きなギャグ漫画家の一人に秋竜山（敬称は略させて頂きます）がいる。私が大学を出てから勤めた広告会社は、広告業界新聞を週二回発行していた（現在は週一回発行になったらしい）。

当時（一九七〇年代初め）、その第一面に毎号秋竜山の一コマ漫画が掲載されていた。その新聞は発行されるたびに全社員に配られる。大体ただでもらうものにはありがたみを感じないもので、中味を丹念に読む気は起こらない。

しかし、第一面の秋竜山の漫画は見逃したことがない。秋竜山の漫画はあの独特の画風に加えて、着想が奇抜極まりなく、読む者をして「どうしてこんなことを考えつくのか」とまず息を呑ませ、ついで押さえがたく激しい笑いの発作を引き起こさせるという、強力なものである。

私は、いつもその新聞が配られると秋竜山の漫画を読んで大笑いして、そのまま新聞の中味は一切読まずにゴミ箱の中に移動させるので、何度か上司に、不謹慎である、と注意を受けた。確かにねえ、自分の会社の発行している業界新聞を熱心に隅から隅まで読むようなまともな心がけをしていれば、入社してわずか三年九か月で辞めたりしないですんだのだ。

で、その広告業界紙に掲載されていた秋竜山の漫画の中で、あまりおかしいので切り抜いて取っておいたものがある。それは、寿司屋での漫画である（ほら、やっと寿司の方に話が回ってきたぜ）。漫画の題名は「まるでやる気なし」。

寿司屋のカウンターに男女二人の客が座っている。カウンターの向こうでどうやら寿司職人が逆立ちをしているらしいが、上半身は見えず、腰から下の下半身がつま先を上にして飛び出している。客の男女は、あの秋竜山の漫画の登場人物に独特の顔つきで憮然《ぶぜん》とした表情を浮かべている。憮然となるのも当然で、寿司職人はカウンターの上に突き出した両足で寿司を握っているのである。まさに、この寿司職人は「まるでやる気なし」だ。

と、こう文章で書いてみたらちっとも面白くないので自分でも鼻白んだが、鼻白んでからその漫画の画面を克明に思い出したらやはりおかしくなって、今思わず笑ってしまった。このおかしさを読者に伝えられない私の筆力のなさが残念だ。

しかしねえ、足で寿司を握るなんて、どうして考えつくかなあ。それを、どうしてあんなに面白く描けるのかなあ。秋竜山は天才である。問題は、いまだに寿司を食べに行ったときに、この「まるでやる気なし」を思い出すことである。実際に、職人に足で寿司を握られたらどうしよう、と不安になるのだ。

女性の寿司職人を登場させた理由

最近出番がないが『美味しんぼ』の中に夏子という女性の寿司職人が登場する（単行本の第四巻第二話「女の華」で初登場。最後に登場したのは、第八十三巻第一話「俳句会存亡の危機!!」。これまでに十二回登場している）。夏子は実在の人物をなぞったわけではなく、私の願望を形にしたものだ。

握り寿司は目の前で職人に握ってもらう。それも職人は手袋などしておらず、素手で握る。世の中に目の前で調理をする人間が素手でこねくり回したものをそのまま口に運ぶという料理形式がにぎり寿司の他にあるだろうか。しかも寿司の場合生魚が多く、酢飯自体も濡れ濡れしているので妙に生々しく、考えようによっては職人の身体にじかに触れているようで、気にしだすと気持ちが悪くなることがある。

であれば、感じのよい職人に握ってもらいたいものである。夏子は花咲さんの画力のおかげですっきりと気っ風がよく、清々しい美人に仕上がっている。手だって指指の先まですんなりと美しい。夏子みたいな職人に握ってもらえば、さぞかし気持ちよく美味しく寿司を楽しめるだろうと思う。

ずいぶん前のことになるが、何かの雑誌で岡山県に有名な寿司屋があって、その先代の主が亡くなった後を娘さんが継いで握っているという記事を読んだことがある。写真で見た限りではその女性は笑顔が温かく感じがよく、こういう人に握ってもらった寿司を食べてみたいものだと思った。思いはしたけれど、私の生活圏から岡山は遠い。実際の距離としてはそれほどのことはないが心理的にえらく遠く感じるのだ。しかし、ぐずぐずしていると余計におっくうになってくる、なるべく早くその寿司屋を訪ねてみたいと願っている。

シドニーにも若くてすっきりした気持ちのよい女性が握っている「鱒屋」という寿司屋がある。シドニーは魚介類が豊富で、魚種としては日本のものとは違うところもあるが、使いようによってまさにシドニー独特の寿司が出来上がる。その若い日本の女性職人にシドニーで寿司屋として大成してもらいたいものである。

しかし、かなりの人間が、それも女性でさえも女性の寿司職人を嫌がる傾向がある。日本には昔から、ある特定の場所を女人禁制として女性の立ち入りを禁止する陋習《ろうしゅう》があって、それがいまだに尾を引いているのだろう。女性を抑圧し、蔑視する男性専横の封建的な思想がまだはびこっているからでもあるだろう。

中には女性の手の温度は男性より温度が高いので寿司が生臭くなる、などと非科学的なことをいう男もいる。そういう男に限って「母親に握ってもらったおむすびの味が一番」などといって目を潤《うる》ませたりする。自分の母親が女性であることを忘れたのかしら。愚劣極まりないことである。

私の知っている範囲では日本の、特に銀座あたりの寿司屋にはまだ女性の職人の姿を見ることがない。それとも私が怠けて東京の店の探索を怠っているうちに、どこかで生きがよくって節度があって目配りが効いて爽やかで涼やかな寿司を握る女の職人がとっくに活躍を始めているのかしら。それだったらいいのだけれどね。

手にご飯粒がくっつかない寿司の握り方

私はどうも手先が不器用である。料理は下手なくせに包丁は何本も持っていて、それを研ぐのも好きである。しかし、あまりに不器用なので、包丁を研ぐたびに研いでいる包丁で手をあちこち傷つけてしまう。まあ、それも考えようで、私があまり上手に研ぐから包丁がとても鋭くなって、普通はちょっと触っただけでは切れないのに切れてしまったのだ、と思えばよいのであるが、包丁を研ぐ度に血だらけになってしまうのも悲惨な話である。

そのような不器用な私が寿司を握ろうと努めたことが何度かある。聞くところによると、握り寿司はご飯ではなく豆腐のおからを握るところから練習をするとよいそうだ。おからを上手に握れるようになれば寿司も握れるというわけだ。

しかしだねえ、それは順序が逆ではないか。おからみたいなぱさぱさしてまとまりのつかないものを、きちんとした形に握るなんて、酢飯を握るより数倍も難しいではないか。寿司が握れるようになったら、おからも握れるようになる、というのが順序だろう。私はそう思って、いきなり酢飯を握ることから始めたのだが、何しろ不器用だから、握る度に困り果てたのが、酢飯が手にくっついてしまうことである。

寿司の握り方にもいろいろな流儀がある。旭屋出版の『すし技術教科書』を見ると「手返し」「たて返し」「こて返し」「本手返し」などといろいろな握り方が示されていて、出来上がった寿司の形にも「船底型」「末広型」「箱形」「俵型」などがあると書かれている。私はその分解写真を見ながら試すのだが、「手返し」も「船底型」もあったものではない。それ以前に手にご飯粒がくっついてしまうから、ぎくしゃくしてよい形の寿司に仕上がらない。

その理由はやがて分かった。寿司を握るときに手を湿らせるために、酢と水を合わせた手酢を使うが、私は手を濡らせば濡らせるだけご飯粒がくっつかないだろうと思って、握るたびにべたべたに手酢をつけていたのである。

実は、手があまり濡れすぎていると、酢飯が上手くまとまらず、かえって手にくっついてしまうのだ。寿司職人の手を注意深く見ると、ちょうどよい具合に湿っているのが分かる。その湿り具合のよさがご飯粒が手にくっつかない秘密であるようだ。

そこで、私がついに摑んだ、素人でも手にご飯粒がくっつかないように握る方法を伝授しよう。手をまず洗って充分に濡らしてやってから、いったん濡れ布巾《ぶきん》で綺麗に拭う。この段階で、手の湿り具合がちょうどよくなっている。そこに手酢を手のひらに「の」の字を書くように軽く塗って、ぽんと両手を合わせて叩くと手酢がさっと広がって、手のひら全体に手酢の薄い皮膜ができる。その手で握れば、まず手にご飯粒がくっつかない。

ある職人は、手の温度と酢飯の温度が同じくらいだとくっつかないという。酢飯の温度が高すぎても低すぎても駄目だということだろう。確かに、酢飯は口に入れて冷たく感じては美味しくない。熱く感じるのは論外だ。

握った寿司の形を考えるのは手にご飯粒がくっつかなくなってからだね。それについてはまた今度の機会に。

静かに主張する、どんぶりのあの形状

日本人の大好物、どんぶりもの

私は「親子丼」が大好きなのだが、時々その名前の残酷さに気づいてたじろぐことがある。親と子を一緒に料理してそれをどんぶりに乗せて食べてしまおうなんて、ずいぶん露骨であからさまで残酷過ぎないか。殺した鶏肉を煮て、それを将来鶏になる可能性が高い鶏の卵で閉じてしまうから親子丼というわけだが、我と我が身にそんなことが起こったらどうしようと恐怖と怒りに身体が震えてしまうような料理じゃないか。

といいながら、先日も取材で訪ねた料理店で、しかも、十二時から始まる取材だから腹ごしらえして行ったのに、「お昼まででしょう、これをどうぞ」といって出された親子丼を一瞬ためらったが、一口食べたらあまりの美味しさにうんぐうんぐと、一分もかからずに食べ尽くしてしまった。その時に、残酷だとかなんだとか、そんな面倒くさい思いは頭をよぎることがなかった。

私は健康なのか、いい加減なのか。

しかし、どんぶりものは日本人の大好物で、大体たいていのものをどんぶりに乗せると、そのままどんぶり料理になるからすごいものだ。

どんぶり料理といっても実にいろいろありますな。ただ、ご飯と上に乗る具との釣り合いにやや問題があるのではないかと思われるものもある。

ちょうどよい釣り合いなのは、天丼、親子丼、うな丼、か。といっても、うな丼の場合ご飯が見えないほどたっぷりと大振りのウナギが乗っていることが条件だ。

鉄火丼の場合は、どうも、マグロの量が少ないように思えるのは私が浅ましいからだろうか。

ウニ丼も、ウニとご飯の釣り合いが難しい。ウニが少なすぎると、これはご飯ばかりが多すぎて物足りないし、逆にウニがあまりに多すぎると、今度はウニの性格の強さがこたえて、私の連れ合いのように、あまりに大量のウニ丼を食べたばかりに十数年間ウニ丼は食べられなくなってしまうこともある。

以前ＢＳＥ問題で取り上げられた牛丼であるが、白状すると、私は、牛丼が苦手である。その理由は、タマネギと、甘い味付けである。

私は、牛肉をタマネギと甘い味付けで煮たものの味が大嫌いなのだ。韓国料理のプルコギが苦手、肉ジャガが苦手、だから、同じ味の系列である牛丼が苦手なのである。牛丼も、もっと別の味付けはできないものか。

たとえば、すじ肉をじっくり煮込んだものなど、たとえようもなく美味しく、値段だって安く収まるはずである。すじ肉丼てのは、手間がかかるけれど、本当に美味しいんだぜ。

しかし、大体あのどんぶりというやつ、時に怖くなるね。

皿に盛られた料理は食べてしまえば皿しか見えなくなる。料理を食べ尽くしてしまった皿は格別な印象を与えない。

しかし、どんぶりは違う。中味を食べた後も、どんぶりのあの形がでんと残る。するとだな、むう、このどんぶり一杯に入っていたものが今や私の胃袋に移動したのだな、ということを否応なしに納得させせられてしまう。早い話が、このどんぶりがずどんと胃袋に入ってしまったのと同じではないか。自分の胃袋はこんなどんぶりをそのまま受け付けるほどでかいものであったのか。こんなに大量のものを食べてしまうなんて無謀なことをしてしまったのではないか。

どんぶりは空になったあとでも、その中に入っていたものの量を如実に示す。それが怖い。

あのどんぶりに山盛りになっていた親子丼が、私の胃の中に移動してしまったというのか。ああ、自分は飛んでもないことをしてしまったのではないか。そう思うと、やたらと腹がくちくなってきて、自堕落な思いに陥るのは私だけだろうか。

麻婆豆腐どんぶりの複雑な思い出

私が、会社勤めをしていたころのことだから、一九七〇年代のことである。

（いま、うっかり、会社勤め、と書いてしまったが、この本の作家紹介の箇所にも、「電通勤務」と書かれている。これは私が書いたのではなく編集部の誰かが書いたものだが、これについて私のかつての上司からある時文句が付いた。「哲ちゃん、君は確かに電通に在籍したが、一切働かなかったのだからこの『勤務』というのはおかしいんじゃないか。ぜひ『在籍』と変えてくれ」と彼はいう。その上司は常務まで出世したが、あるとき私にいった。「私がただいま今日あるのは、哲ちゃんが早く会社を辞めてくれたからだよ」

私はその上司にさんざん迷惑をかけた。私は朝九時に会社に出勤しろという会社の一方的なおしつけを受け入れるわけには行かず、自発的に三四十分遅れて出勤することにした。当時、その会社の出勤簿は赤鉛筆で出勤簿の自分の欄に署名をすることになっていた。私は、毎朝、上司に電話をして、「署名しておいて」と頼んだのである。

その代わり、私は大変に律義な性格なので、退勤簿には上司の欄に私が代わって署名をしてさしあげた。ただ、その署名が少しばかり変わっていて、東京近辺で育った方だったら分かるだろうが「ピッチャーが、左カーブ、右カーブ、真ん中投げてストライク、応援団長がちゃっちゃっちゃっ」といいながら描くひわいな絵柄を退勤簿の署名欄に連日描いたのである。

とうとうある時、総務から上司に文句が来た。あまりにあまりではないか、と。

上司は頭を抱えて私のところにやって来ていった。

「哲ちゃん、頼むから僕の退勤簿に署名しないでくれ」

「なんだよお、こっちは恩返しのつもりで署名してやっているのにい」

「恩返しなんかしないでくれ。朝はちゃんと署名しておいてやるから、退勤簿は放っておいてくれ」

「そうなのお。でも、それじゃ、悪いなあ」

「悪くない、悪くない。退勤簿の署名だけは勘弁してくれ」

そういうことが数限りなく重なったので、上司は私が退職したときに心からほっとしたという。美談だなあ。)

その会社にはおかしな風習があった。部長なり副部長なりが、部員を昼飯に誘ってご馳走してくれるのである。

部長だって副部長だって我々だって給料をもらっているのだから、何か特別におめでたいこととか、部全体が格別の働きをして会社から金一封が出たとかいうならともかく、普段の昼食をおごってもらう理由は何一つない。

私は普段逃げ足が速く、大体十一時半過ぎには部を抜け出してどこぞでビールなど飲んでいるのだが、その日に限って逃げ遅れて部長が誘うのに捕まってしまった。部長、副部長、それに数人の部員で近くの店に、「しょうず丼」というのを食べに行った。この「しょうず」の意味がいまだにわからないのだが、要するに、麻婆豆腐をどんぶりの上にかけたものだった。

私は麻婆豆腐は好きだが、それだけでどんぶり一杯の飯を食べるのは飽きる。しかも、その店の麻婆豆腐はかたくり粉のでんぷんのとろみが私には効き過ぎているように思えた。

味のこともそうだが、私は、この部長や副部長が部下に昼飯をご馳走するという風習が嫌いだった。理由もなく人にご馳走になるのは私の人生観では認められないことである。

しかも、その日、勘定の段になって部長が副部長に「君、半分払っておいて」といった。それは卑怯《ひきょう》である。部長が誘ったのだから、部長が全部払うべきである。それを、副部長に半分払わせるのは規則違反である。

副部長は一瞬驚いた。だれもが、部長は規則違反を犯したと思った。もちろんこんな風習はよくないことである。よくないけれど、誘ったのが部長なのだから部長が払うべきである。

副部長は、まじめ一辺倒な人だったから、にこやかに「はい、はい」といって半分支払いはじめた。私は副部長にいった。「僕も会社から給料をもらっています。部長や副部長に払っていただく必要はありません。自分の分は自分で払います」副部長は、私の支払った金を手にして啞然《あぜん》となっていった。「君のような考えじゃ、この会社では生き辛いだろう」「はい、生き辛いです」

だから、私は三年九か月しか勤めることができなかった。

で、今でも、私は麻婆豆腐どんぶりを見ると複雑な気持ちになるんだよ。

冷や酒をがぶ飲み回し飲みするのにも便利

どんぶりってのは、その形態からして、どんぶり料理以外にも、いろいろな使い道がある。

子供のころ、どんぶりに冷蔵庫の氷をかち割って入れてもらい（当時の冷蔵庫は氷で冷やす冷蔵庫だった。毎日氷屋が配達してくれるんだ。その氷の旨さときたら、今自分の家で作る氷とは比較にならない旨さだった。キーンと硬くて、味が甘くて、変な消毒の匂いがしなくて、実に氷だけで美味しかった）、それだけでも美味しい氷に砂糖をかけてもらう。夏休みの大きな楽しみだったなあ。

年をとったら、どんぶりの別の効用が生まれてくる。

冷や酒をがぶ飲み回し飲みするのに、こんな便利なものはない。野蛮な男たちが集ってどうでもいいようなことを、本気になって頭に血をのぼらせて議論しあいながら酒を飲む。殴り合いの喧嘩で終わらなければ、それは楽しいものである。こういう場合はどんぶりになみなみ注いだ冷や酒を回し飲みするのに限る。調子づいたやつが、最後の一滴まで飲み干して空になったどんぶりを、自分の頭の上でひっくり返して見せたりすれば、気分は上々。朝までそのままということになる（その翌日の気分は二日酔で最悪だけれどね）。

どんぶりはチンチロリンという賭けにも使われる。私は賭け事が嫌いだから、よく知らないのだが、三個のさいころをどんぶりに放り込んでその三個のさいころの出目で勝負を競うのだという。さいころをどんぶりに放り込むときの、「チンチロリン」という音がえらく気分を高めるものだそうで、いったん始めると徹夜は当たり前だというから恐ろしいな。賭け事が一切だめな私には、そのチンチロリンなるものにも全く興味がない。

私は人がどうして賭け事に情熱をかけるのか、全く理解ができないのである。

ある時、ある町を朝十時前に走ったことがある。一軒の店の前に奇怪な人々がたむろしていた。彼らは年の頃は三十代から四十代、いわゆる働き盛りの年ごろの男たちである。

ではあるが、服装は整ったものとはいえず、取りあえずあり合わせのものを着てきたといった感じである。まともな会社や役所に出勤するときに着る服装でもないし、色っぽい出来事に勝負をかける時の服装でもない。要するに全く服装には無頓着な人々だった。無頓着というより無防備といったほうがよいのかもしれない。

服装は人にとってその時の生活意識を表すものである。大学生だって就職の面接の時には自分をよく印象づけるような服を着ていく。女性代議士もここぞという時には「勝負服」といって赤い色の服を着て議場に臨むという。

私だっていつもいい加減な服装をしているが、清潔で目立たないことを自分の服装の決まりとしている。私のように物書きを業としている場合、いろいろな所に出入りすることが多いから目立ってはまずいし、不潔でも困るのである。

ところがそこに集っていた人たちは私程度の服装の基準も持っていないように見えた。寝巻き兼用としか見えないジャージを着ている男。会社名をはぎとった作業着を着ている男。流行のつんつく尖った髪形をして、毛皮の襟《えり》のついたコートを羽織った若い男。この男の顔色は土気色でいっさい艶《つや》がなく、羽織っているコートの下は骸骨《がいこつ》だけなのではないかと思えるほど、見るからに痩《や》せ細っていて、紙細工の人形のようにひらひらして見えた。

共通しているのは、男たちが手に持ったいくつかのビニールの袋を破って、中の食べ物をがつがつと食べていることである。

「何だ、あの人たちは」

私は、同乗している人間に聞いた。その人は、つまらなそうに答えた。

「パチンコ屋の開店を待っている人たちですよ。食べているのは、コンビニで買ってきた食べ物でしょう」

パチンコ屋は十時に開店する。開店と同時にその人たちは店に飛び込んで、今日当たりの出そうなパチンコの台を確保するためにこうして待っているのだという。

私は車がその人たちの前を通り過ぎる僅《わず》かな間に、すべてを目の奥に焼き付けた。だから、今こうしてその場の状況を書くことができるわけだが、私の心をいまだに捉えて離さないのは、その時の、その人たちの表情である。朝の十時前からパチンコ屋の前に並んで、当たりの出る台を確保しようとするその熱意。他のことはいっさい頭になく、パチンコの台を確保することだけに集中したあの表情。

一説によると、パチンコの売上げは日本の自動車産業と同じくらいの規模になっているという。

それでは、朝の十時前からパチンコ屋の店先に人が並ぶわけである。

私は賭け事には興味がないが、人間には興味がある。朝の十時前にコンビニで買ってきた食べ物を美味しくもなさそうに食べながら、浮かない表情で、しかし、目だけは妙に素早く油断のない動きをしていた人たち。ああいう人たちがいったいどんな生活をしているのか非常に興味がある。

私は最近あるところでパチンコを試みたが、驚くべし、千円が一分ともたなかった。パチンコに入れあげて借金の固まりになる人も少なくないというが、私の経験からすれば無理からぬことである。一方で、パチンコの収益で生活をしている人もいるという。

どんぶりを使ってのチンチロリンからとんでもないほうへ話が脱線してしまったが、暗い話のまま終わりにするのがいやなので、ちょっと楽しい話で締めくくろう。

これは、あまり大きいどんぶりじゃ駄目だよ。

ご飯茶わん程度がよい。そこにご飯を軽く盛ってたっぷりのきな粉をかけ、その上に、干し柿を小さく切って酒につけてから砂糖をまぶしたものをばらまく。

甘いどんぶりものは心が和みます。

健康によい野菜についていろいろ考えてみる、の巻

八百屋は、どうして八百屋というのか。こういう時に頼りにしている小学館の「スーパーニッポニカ」を引くと、「(野菜類の店売りは) 十七世紀に始まった。そこではいっさいの精進の調菜（副食物）、乾物、海藻、木の実、草根などを扱っていたので八百屋といった。これが十八世紀に入ると、商品は野菜類に限られ、葉菜類、根菜類、果菜類だけが店頭で商われた」と書いてある。

「なんでもある」という意味で数字の八百を使ったのだろう。日本人は、八という数字は末広がりで縁起がよいというので好きである。八百万の神なんていう。神様の数が多いことをいいたければ、一千万の神の方がいいと思うのだが、八という数字の方がありがたいと思ったのだろう。

おくさーん
ソラマメやすいよー
800
青果
八百万
八百万の神さん

鎌倉に鶴岡八幡宮という神社がある。八幡様というのは源氏の守護神ということだが、どうして八幡なんだ。七幡でも、九幡でもいいじゃないか。西洋じゃ七はラッキーセブンなんていうし、オイチョカブじゃ、当然九の方が強いぜ。日本人は、八という字によほど特別の感情を持っているんだろうな。

八百八狸《はっぴゃくやだぬき》伝説なんてものもある。四国松山藩のお家騒動の時に、松山城に住みついていた古狸が八百八の狸の眷属《けんぞく》をかり集めて悪家老を倒すために戦った、というんだが、これも九百九狸じゃいけなかったんだろうな。悪いことに使われる例もあるぞ。嘘八百なんてことをいう。眉《まゆ》を八の字にするというと、べそをかくことだ。七転八倒の八もいい意味じゃない。いかんなあ、話がすぐ横道に入っていってしまう。八という数字の意味の詮索《せんさく》をしている場合じゃない。今回は野菜の話だから、八百屋の店先のように、いろいろな野菜の話をどさどさと並べてみようという趣向なんだ。

では行くぞ。

野菜は酒の肴になるか

これは答えは簡単だ。とてもよい肴になる。日本酒だったら、すぐきや、キュウリのぬか漬け、カブのぬか漬け、キャベツのぬか漬け、みんないい。それも、私は古漬けの方がいいな。

白菜の漬け物の古漬けは葉っぱの部分がしんなりして色も変わり、匂いもチーズっぽくなっている。

私の家では、食べ物が、発酵が進んで匂いと味がきつくなると、本領発揮というが、白菜の古漬けもまさに本領発揮の典型、美味しい臭さがぷんぷんとする（私の家では腐りはじめたものも、本領発揮、という。転じて、ある人間がいつもは隠していた本性を露わにしたときも、本領発揮という。だから、私の家では本領発揮といわれても単純に喜べないのである）。それを、つまみに冷や酒を飲むと、ああ、今度生まれ変わったら真人間になろうと思う（なんのことやら）。

臭い漬け物となったら沢庵も酒には合いますねえ。それも、水っぽいものではなく、しっかり干してから漬けたものの方が、美味しい臭さがあって、歯ごたえもしっかりしていて、Shall we dance? と沢庵の方から酒を誘うね。

煙で燻《いぶ》した、いぶりがっこ、なんてのも最高だよなあ。あれは性格が強いから、純米酒の味の濃いやつがよく合う。能登で、間引きした小振りの大根を、魚醤《ぎょしょう》の一種、イカを発酵させて作った「いしり」につけた「べんこうこ」というものを炭火で炙《あぶ》って食べたが、これは酒飲みは絶対に逃してはならないものだと思ったね。

漬け物を火で炙るというのは珍しいが、そうすることで、「いしり」の持つ魚醤独特のよい香りが立って、酒が自分から慌てて口の中に飛び込んでくるんだ。

サトイモというのが私は大好きで、いわゆる衣被（きぬかつぎ、本当はきぬかずき）というサトイモの小芋を皮のまま茹でて、その尻をぎゅっと押してやると、あら恥ずかしい、といいながら小芋がぬるりと白い滑らかな肌を衣の下から現す。それに、ちょいと塩をつけて、んぐとやる。これはたまらんね。

私はイモ類はぱさぱさしているので深い愛情を感じないが、サトイモ、ヤマイモのようにねっとり滑らかな舌触り・歯触りのものは大好きだ。この衣被は冷や酒にも燗酒《かんざけ》にも合う。ワインは白がいい。イモは苦手といっておいてすぐにこんなことをいうのも節操がないが、サツマイモを二センチ弱の薄さに輪切りにして、これを甘辛く味付けたやつも酒に合います。純米のさらっとしたもの。あるいは、焼酎にもいい。私は麦焼酎でやるが、同じイモどうしということで芋焼酎も悪くない。

またキャベツというやつが酒には合います。中野にある鰻の串焼きの店「川二郎」では、酒の肴に生のキャベツを刻んだものに紫蘇《しそ》の実の塩漬けと醬油をかけて出す。これを、鰻の串焼きの串で突っついて食べるという大変にざっかけないもので、また「川二郎」では、（これを食通なんていう人が聞いたら気絶するに決まっているが）酒はあらかじめ燗をしたものをポットに入れておいてそれを客についで出すという、ざっかけなさの極みなのだが、これが妙に美味しい。

私が「川二郎」に行きはじめてから三十五年以上経つが、今のご主人のお父さんの頃から、これがまるで変わらない。きっと先代から数えたら五十年以上変わらないのではないか。

この三十五年にはいろいろなことがあった。日本は経済大国だなんだと有頂天になり、バブル経済に酔い、そして不景気の時代が延々と続いている。その間、食の世界では、フレンチだ、イタリアンだ、エスニックだと大変賑《にぎ》やかだったが、「川二郎」はその世間の動きに全く無頓着に、私の知っているだけで三十五年間全く変わらず同じものを出し続けている。こうなると、我らの宝物だな。

野菜は本当に「自然の産物」なのか

試しに道端に生えている草を口に入れてご覧。一口噛《か》んだら吐き出したくなるから。野菜のような旨さもよい香りもない（もちろん、山菜や、食用になる野草もあるが、それはごく限られた種類のものだ。自然に生えている草で人間が美味しく思えるものはほとんどない）。

我々のご先祖は、無数の植物の中から味のよいものを探しだし、それを更に品種改良して今私たちが食べている野菜を作りだしたのだ。その点からすると、野菜は人類の叡智《えいち》の成果だ。

ジャガイモだって、アンデスの原種ジャガイモは貧相なものだ。大人の親指程度の大きさで、何だかひねくれている。メイクイーンや男爵《だんしゃく》いものように立派な姿のものではない。ジャガイモの進化一つを見ても人間がいかに野菜を美味しくすることに力を注いできたかよく分かる。

最近は知恵が行きすぎて、遺伝子組み換え作物なんてものまで作りだしている。この遺伝子組み換え作物ほど分かりづらいものはない。学者によって、危険だといったり、安全だといったりする。

私の小学校からの親友に遺伝子組み換えに取り組んできた大学教授がいて、その男は遺伝子組み換え作物が危険だなどというのは物を知らない人間の戯言《ざれごと》だという。ううむ、いかに小学校の二年生からの親友とはいえ、こういうことは簡単にそうですかとはいえないな。中学二年生にして既にともに一升酒を酌《く》み交わした仲だけど。読者諸姉諸兄よ、今私は遺伝子組み換えの勉強をしているですよ。成果が上がり次第、『美味しんぼ』で発表するから期待していてくれたまえ。

遺伝子組み換え以前に野菜は既に、人間の手であれこれいじくり回されてきていて、本来の意味からいえば野菜自体、既に自然なものではない。よく、畑や田んぼを見て「美しい自然の姿」などと感激している人間がいるが、それは飛んでもない間違いだ。他の植物はろくに生えていず、さんざん人間が手を加えて品種改良した野菜ばかりが生えているのは不自然な姿だ。

様々な野草が自由奔放に生い茂っていてこそ本当の自然なのだ。以前、家族でタスマニアに行ったとき、広大な牧場が広がっているのを見た娘が「なんて素晴らしい自然の姿なんだろう」といったので、飛んでもない、自然のままであれば、灌木《かんぼく》と雑草が茂っているのが本当だ。灌木も雑草もすべて取り除き、人間にとって利用価値のある牧草だけが生えるようにしているこの牧場こそ自然破壊の姿だ、と私は諭した。

都会に住んでいると、牧場や田畑を見てうっかりそれが自然の姿と勘違いする。植物が生えていれば、自然というものではないのだ。

以前、日本でも有数のキャベツの産地の話をＮＨＫで見た。その村の農協では消費者が安全な食べ物を求める動きに合わせて、キャベツの低農薬化を進めているという。低農薬化、と聞いてそれはよいことだと思ったが、その低農薬と認定される基準を聞いてぶっくらたまげた(あまりに驚くと、びっくりなどといっていられない。びっくりがぶっくりになり、ぶっくらになる)。

なんと農薬を使う回数が十三回までなら、低農薬とする、というのである。一度や二度ではない、十三回である。では、通常は何回使うかというと、二十六回である。私の感覚では十三回も農薬を使うなんて、それは過剰農薬使用だ。二十六回となると、これは農薬を使うためにわざわざ農業をしているんじゃないかと疑いたくなる。

しかし、テレビに映るその村の姿を見て「さもありなん」とため息が出た。何てったたって、東西南北周囲の畑全部がキャベツ畑なのである。この村では数十年にわたってキャベツばかりを作ってきているという。それはあまりに不自然だ。見渡す限りキャベツしか生えていない。それも、同じ土壌で毎年毎年連作を重ねている。それでは、生態系の釣り合いが崩れ、病虫害が出るのは当たり前すぎる。二十六回も農薬を使わざるを得ない環境を自ら作りだしているのだ。

この村だけではない。アメリカやオーストラリアの大農法による小麦・米・大豆の農場の姿を見ると、更に気持ちが悪くなる。地平線の彼方まで、小麦なら小麦、米なら米ばかり生えている。これで、作物が健康に育つわけがない。農薬や除草剤なしであんな農法が成立することはあり得ない。

野菜は健康によいというけれど、それ以前に地球の環境自体を破壊しているのだよ。では、野菜の栽培も、大農法による作物の栽培も、止められるかといえばそうは行くまい。日本では人口減が問題になっているが、世界的には人口爆発が続いている。国連によると、現在六十億の世界の人口が二〇五四年には百億を突破するという。目の前に飢えている人間がいる場合に、環境問題は二の次になってしまうのは自然の成り行きだ。

今飢えて死んでしまっては地球の環境を守るも何もあったものではない。とにかく飢えをしのぐためには農薬でも何でも使って食べ物を作ってくれということになる。十年後の地球の環境よりも、今日生き延びることの方が深刻な問題だ。

しかも、環境問題は一つの国だけで解決できる問題ではない。日本がいくら環境問題に取り組んでいても、毎年四国一つ分ずつが砂漠化している中国から黄砂が飛んでくる。汚染した大気が流れてくる。その中国の大気汚染には中国に進出した日本企業、あるいは日本が下請けに出した工場が排出した汚染物質が関連している。

中国が経済活動をやめれば大気汚染もなくなるが、そうなると、世界中の経済が立ち行かなくなる。アメリカが農薬と除草剤を大量に使う農法をやめて農業生産物の量を減らすと、世界の人口の少なくない部分が食糧不足に苦しむことになる。

一口でいえば、人類が繁栄すれば地球環境は破壊され続ける。地球環境を守りたいなら、人口を減らし、経済活動を低下させ、生活程度を落とすしかない。

しかし、読者諸姉諸兄よ、自分から進んで自分の生活程度を落とせますか。テレビもやめる、自動車もやめる、洗濯《せんたく》機も冷蔵庫もやめる。じつはこれ、四十年前の日本では当たり前の生活だったのだが、われわれはもはやその時代の生活には戻れない。実に環境問題は難しい。

といって、諦めてばかりはいられない。野菜畑に立って、野菜の顔を見ながらこの問題じっくり考えてもらいたい。

野菜を使った悪口もある

どてかぼちゃ

私が子供の頃は、人を罵《ののし》るときによく使った。「この、どてかぼちゃ」「どてかぼちゃ野郎」「あいつは、飛んでもないどてかぼちゃだよ」てな具合にね。これは、土手に生えたカボチャという意味なのだろうか。これは、土手に生えたカボチャはまずいのだろうか。どてっとしたカボチャのことなのだろうか。これは、カボチャ自身のあの形態によるところが大きいね。

八百屋に並んでいるカボチャの姿を見て、応接間の飾り棚に置きたいと思う人はあまりいない。昔、武者小路実篤という作家がカボチャやイモの絵を描いて「仲良きことは美しきかな」なんて賛をその横に書いたのが人気があった。今でもどこかで見ることがあるかもしれない。その武者小路実篤が絵に添えた文章や、相田みつをの書く文書を見ると私の姉は気持ちが悪くて寒気がするという。うん、私も姉に同感だ。あれはどてかぼちゃだな。

うらなり

これは、ひ弱で情けない感じの男を馬鹿にしていう言葉だ。字では「末なり」と書く。蔓《つる》の末（さきっぽ）の方になった実は小さく味も悪いので、こういう。蔓の本《もと》の方になった実は「本《もと》なり」という。

うらなりとは、出来の悪い作物のように貧相だという悪口だ。語感というものは恐ろしいもので、お前は貧相なやつだといわれるより、「この、うらなり」といわれた方がずっと傷つく。悪口をいう方は相手を傷つけようと思っていうので大変に具合がいいわけだ。私なんか、子供の頃、身体が弱くて青白かったので、よく、うらなりと馬鹿にされましたね。

私がよくいわれた悪口に、野菜からは少し外れるが、

あおびょうたん

というのがある。これは、分かるよね。ひょうたん自体、蔓からぶら下がっている姿はなんとなく滑稽《こっけい》だ。それが、いい色ならともかく、青かったら滑稽を通り過ぎて哀れな感じがする。それで、ひ弱で青白かった私をつかまえて、「やーい、やーい、青びょうたん」などと罵って喜ぶやつがいたのである。それは誰かというと、私の弟と姉である。あ、いかん、また姉の悪口を書いてしまった。姉に殺されるといかん。今回はこれにておしまい。

いまどきの話題、絶滅したら一番困る魚は何か

二酸化炭素を減らすために、スポーツは禁止すべし

私は地球温暖化が二酸化炭素のせいであるという説に懐疑的なのだが、最近テレビで、海が二酸化炭素を吸収しすぎたために酸性化している、という現状を見て、温暖化に関係なく二酸化炭素の排出量を減らすべきだと思った。

海水が酸性化したために、ある地域ではそれまで岩を覆って繁殖していた貝がその数を減らしているところをテレビでは見せた。その時研究者の示したその地域の海のＰＨ値は７・８だった。ＰＨ値７が中性だから、その地域の海水は確かに酸性に傾いている。

それはその地域の海だけのことであるかもしれないが、酸性では貝類がその殻《から》を作れなくな

るというから、海水の酸性化が世界中で進むと貝類がその姿を消していくことは確かだ。てなことを書くと、いかにも私が貝類の未来を貝類のために心配しているようだが、私は美味しい貝を食べられなくなることを心配しているだけなのである。私は慈悲深き仏様ではないからね。

人間による環境破壊は海の酸性化にとどまらず、恐ろしいものがあるが、それはひとえに、人口の増えたことが原因だと思う。一九六〇年の世界の人口は三十億人、現在は六十七億人。四十九年間で二倍以上増えたわけだ。

これだけの人間が、食べるために森林を伐採して畑を作り、電気がほしいから石炭や石油をばんばん燃やし、あれこれ欲望を満たすためのものを作るために工場を建て、排水を川から海に流し、排ガスを空に放出する。魚が食べたいからすさまじい数の漁船を繰り出し、最新式の漁法で魚介類を根こそぎ獲る。

六十七億人もいたんじゃ、これは仕方がないでしょう。

環境を改善するためには人口を減らすしかないのだが、くじ引きで二人に一人は死んでもらいましょう、というわけには行かないしね。

ただ、日本の環境がよくなる望みはありますよ。どんどん人口が減っていくからね。一度人口が減りだすとよほどの手を打たないかぎり、減る一方になる。人口が減れば日本では経済活動も縮小するから、大気を汚すことも、河川を汚染することもなくなる。環境大国日本、ということになる。て、ことは経済小国日本というわけですが。

経済大国日本といわれても、がさがさ忙しいだけで人の心は乾ききって、少しも幸せ感がない。経済小国でよいから、こじんまりとのんびり生きていったほうが幸せなんじゃないだろうか。

日本の環境がよくなっても、人口がこのまま増え続ければ、世界の海の環境はよくなることは絶対にない。よく、世界中の牛、羊、豚などの家畜にげっぷとおならを止めさせたら、二酸化炭素問題は解決するという。

それでは、世界中の人間が呼吸回数を減らせば二酸化炭素増加をかなりの割合で減らせるのではないか。

その観点からすると、スポーツは禁止すべきだね。

サッカーの選手なんて九十分間全力で走り続ける。彼らの吐き出す二酸化炭素の量は凄いものになる。それに加えて、観客が大騒ぎする。興奮した観客の吐き出す二酸化炭素も大変な量だ。

野球もいかんな。野球自体、サッカーに比べると極めて選手たちの運動量が低いとはいえ、通常の生活をしているときより二酸化炭素を排出する。一番いけないのは、観客だ。あの、応援団の騒ぎがいけない。あれだけ騒ぎっぱなしに騒いでいたら、大変な量の二酸化炭素を放出することになる。

サッカー、野球に限らず、すべてのスポーツは、二酸化炭素の放出量を増加させるから直ちに禁止すべきである。

オリンピックなんか飛んでもない。

IOCは地球温暖化を企んでオリンピックを開こうとしているに違いない。どうも、IOCの委員たちの顔つきがうさんくさいのは、そのような陰謀を企んでいるからではないか。

東京にオリンピックを招こうなんて狂気の沙汰だ。東京でこれ以上大量の二酸化炭素を排出させて、東京湾の海水を酸性化させて、美味しいアサリが絶滅して食べられなくなったらどうする。

東京湾は汚染されて、そこの魚介類は食べられないという印象があるが、政策研究大学院大学の小松正之教授の著書『これから食えなくなる魚』(幻冬舎)という恐ろしい本には「東京湾は実はきれいで豊かな漁場」と書かれている。教授によれば、東京湾で獲れるアサリやアオヤギは、地中海のマグロよりよほどきれいなのだ、そうだ。

その東京湾の海水を、オリンピックのせいで酸性化させてしまったらこれは取り返しがつかない。オリンピックは外国で行われるのをテレビで観る程度が、ちょうどよい。自分のところでわざわざ金をかけてまで開くような代物ではない。

小松教授は、釣り人が釣る魚の量もばかにならない、魚資源を守るためには釣り人も考えなければいけない、とも書いておられる。

こいつは困った。

実は私は今、イカ釣りに凝《こ》っている。自分で釣ったイカは素晴らしく美味しいのに、やはり控えるべきなのか。

そういえば、シドニーの釣りのガイドが、この十年間で、イカが釣れる量が激減したといっていた。

私の経験でも、二十年前にはシドニー近辺で船を出して釣りに出れば三十センチ以上の鯛《たい》が入れ食い状態でいくらでも釣れたが、最近は手のひらくらいの大きさの鯛が、ちょこちょこ釣れるだけである。

海は、非常に弱い存在なのである。

六ヶ所村核燃料再処理場の問題点とは

イギリス、ロンドンの北北西、リバプールとグラスゴーの間、北アイルランドの対岸にセラフィールド使用済み核燃料再処理施設がある。アイルランド海に面している。

この再処理施設は巨大なものであり、建設当初から排出放射能の問題が危惧《きぐ》されていたが、やはり放出される放射性物質の量は莫大なものがあり、それが海に蓄積されてしまった。

テレビの番組で見たが、セラフィールド近くの海底に放射性物質が沈澱《ちんでん》しており、付近の海の放射線による影響は大きいという。ある漁師は、もう十何年前から頭が二つあったり、背骨が曲がっている魚は珍しくない。しかし、イギリスでは魚は、フィレ（切り身）に下ろした状態で市場に出るから、消費者は魚の元の姿には無頓着に買って食べるといっていた（これは売る方が悪いな。食べる方は何も知らされていないんだから）。

セラフィールドの処理場は大きな事故を起こし、閉鎖することが決まったが、同じような核燃料再処理場を日本では青森県の六ヶ所村に作ってしまった。すでに試験運転をし、近いうちに本格的な稼働を始めるという。

セラフィールド付近の海水のセシウム１３７の放射能レベルは、日本の環境放射能基準の百倍、セラフィールドから二百キロ離れた対岸のアイルランドでも、十七倍。

セラフィールド付近のたらの放射能レベルは日本の環境放射能レベルの百四十倍、アイルランド沿岸で十九倍、海藻は、セラフィールド近くで九十三倍、アイルランド沿岸で十倍、となっている（『アイルランド海洋環境の放射能モニタリング《一九八二年から一九九九年までの調査》』から）。

六ヶ所村は放射能を含む排水を三陸海岸に流す。セラフィールドと同じ放射能の排出量なら三陸海岸のわかめ、昆布、魚類は大量の放射能を浴びることになる。厄介《やっかい》なことに、海藻や魚は体内に放射能を蓄積するから、周りの海水より高い放射能を持ってしまう。

セラフィールド周辺での魚類のサンプルでは、魚の体内で海水の四十四倍から百八十倍まで放射能が濃縮されることが報告されている。それを人間が食べたらどうなるか。寒けがしますな。

ところが、六ヶ所村の申請書には、三十倍にしか濃縮されないとされている。この申請書は、最近のＩＡＥＡ（国際原子力機関）の推奨している海水魚の濃縮係数100を取らず、古い基準で計算したものだ。

セラフィールドでの値は実測されたものである。六ヶ所村の申請書の数字は古い基準に基づいて推測したものである。どちらが正確か、子供でも分かることではないか。

海は泣いている。

乱獲、水質汚染、酸性化、それに放射能まで加われば、いかに広大な海とはいえ、対処できない。

海は生命の生まれた場所。海を失ったら私たち人類もおしまいだ。

環境を保全するということは自分たちの生活を保全することなのだが、官僚や企業やゼネコンには、目先の利益しか考えない人が大勢いて、環境保全よりその日の稼ぎの方が大事だと死に物狂いになっている。

そういう人たちは美味しい魚を食べる資格はないね。

マグロも困るが、イワシはもっと困る

と、こんなことをいいながら、絶滅したら一番困る魚は何だろうと考えたら、どうやらイワシではないか、と答えが出た。

イワシはそのまま食べても美味しいが、他の魚のえさになる。イワシがいなくなると他の魚もいなくなるのである。

銀座の「いわしや」は私の愛するイワシ専門の料理店だが、かつては安い魚の代名詞だったイワシが今や高級魚並みの値段になってしまって、店の人もさぞ困っているだろう。

私はショウガ、醬油、酒で煮たイワシが大好物で、特にそれが冷えたのが好きだ。煮こごりが出来ていたりして、それで熱いご飯を食べると、ああ、よくぞ日本人に生まれけり、と思うのだ。

魚はあまり手をかけない料理の方が美味しいが、何でも刺身というのも能がない。

といっても、マグロなんて魚は刺身以外では食べて損をした感じになる不思議な魚だな。欧

米人は、マグロの水煮の缶詰を喜んで食べる。サラダなんかに用いる。悪くはないが、ひれ下（背びれの下の部分）の握りと比べたら、鉛と金ほどの違いがある。いや、今いったイワシも、よく脂ののったやつを刺身で食べたらこれはうなるぜ。

フランスのブルターニュ地方は海に面していて魚介類の料理がいろいろある。実に新鮮な魚を上手に料理してくれる店がいくつもあって、実に嬉しいところであるが、かれらが醬油の使い方を覚えたら、もっと素晴らしい料理になるだろうな。

魯山人《ろさんじん》が、パリの鴨料理で有名なトゥール・ダルジャンで持参の醬油をかけて鴨肉を食べたという話があるが、私はそんな無礼なことはしない。郷に入ったら郷に従えで、ブルターニュでは、オリーブ・オイル、バターなどを使って調理する魚介類を、美味しいと思って食べる。

今ふと考えたのだが、イカなんかは、醬油より、オリーブ・オイルとニンニクとバターで調理したほうが美味しいかもしれない。

ふむ、アサリなんかも、スパゲティ・ア・ラ・ボンゴレのように、ニンニクとオリーブ・オイルで調理したほうが旨さが立つな。

ここにおいて直ちに前言を翻《ひるがえ》して、ブルターニュ地方の料理人が醬油の使い方を知らなくても構わない、ということにする。

はて、今回はいつもより話が支離滅裂だな。最近（二〇〇九年五月）北朝鮮の首領様が長時間物事を考える仕事をすると朦朧《もうろう》とする、と新聞に告白したと聞いたが、私もすでに首領様状態になっているのではないか。

これではならぬ、一つまともな話をしよう。

ああ、海を何とか生き返らせなければ

先日、天竜川にダムの取材に行った。なぜダムかというと、ダムが土砂の流れをせき止めてしまうために、下流の海浜がどんどん痩せていって、更には海の侵食がひどいと聞いたからである。浜が死ぬと、その周辺の海も死ぬ。少なくとも人間には使い物にならなくなる。で、天竜川の河口、福田（ふくで、と読む）港から船に乗って、外海にでた。外海から見た中田島砂丘のあたりの侵食はひどく、二年で二百メートルも浜がなくなったという。

佐久間ダムができた一九五五年頃にはダムの被害はまだ明らかではなかった。しかし、ダムが本来海に流れ出るべき土砂をせき止めるために、海浜が痩せ、海岸の海による侵食が激しくなり、ダム自身も、貯まった土砂によって機能しなくなることが分かってきても、官僚、ゼネコン、政治家は日本各地にダムを造り続ける。天竜川だけで本流支流合わせて十五もダムがある。一つの川に十五もダムを作るとは、狂気の沙汰だ。

ダムは彼らにとって、大変に美味しいものだからである。官僚はダムを造っておけば、ダム

関連の様々な機構やゼネコンに天下りできる。ゼネコンは工事代を稼げる。政治家は小沢一郎のように、ゼネコンからの政治献金で肥る。

痩せるのは国土であり、そんな無駄金を使うために貧乏になる日本という国である。

ま、それはまた別の話。

その時船に乗せてくれた船頭さんに、面白い話を聞いた。

彼は今六十半ばと見えたが、彼が子供の頃、天竜川河口の、その福田港付近の海に、あの、マンタがよく来たというのである。

「え！　じゃあ、マンタを獲ったの」

と尋ねたら、彼は飛んでもないと首を振って、

「マンタと遊んだんだ」という。

船で沖に出るとマンタに出会うことがある。その時マンタは腹を出してのんびり浮かんでいるのだそうだ。で、彼は、竹のさおをマンタの腹に突いて、それを支えにマンタの腹の上に乗る。マンタは全然騒がず、のんびりしている。

それを見て、彼の父親が、「なにをしいる」というので慌てて船に戻った、という。彼は懐かしげにいった。

「マンタと遊ぶのは楽しかったよ」

私は心底うらやましいと思った。

マンタなんて水族館でしか見られないと思っていたのに、そのマンタの腹の上に乗って遊んだなんて。

その当時、浜は広々と広がって、ラクダまでいて、砂漠の場面を撮るために映画の撮影隊がよくやってきたそうだ。なるほど、浜が広ければ砂漠に見立てることもできる。

彼の話を聞いていて、ああ、海を何とか生き返らせなければ、と真剣に思った。

海が死んでしまえば、海産物の話も何もあったもんじゃないよ。

生粋の肉食信仰家、最近のレバーを憂うの巻

海水の「酸性化」についてのお詫び

今回は、まずお詫《わ》びから始めなければならない。

私のホームページ（http://kariyatetsu.com）に、ある読者がメールを下さって、「前回の『美味しんぼ塾』の冒頭で、地球温暖化と二酸化炭素について述べている中で『海水が酸性化したために、ある地域ではそれまで岩を覆って繁殖していた貝がその数を減らしているところをテレビでは見せた。その時研究者の示したその地域の海のＰＨ値は７・８だった。ＰＨ値７が中性だから、その地域の海水は確かに酸性に傾いている』と書いているが、ＰＨの値が７以上ならそれはアルカリ性ではないか。ＰＨ７・８を酸性というのは、間違いだ」と指摘され

た。

私はそのメールを見て、飛び上がった。ＰＨの値が7以上ならアルカリ性、7以下なら酸性、などということは中学で教わることではないか（今では小学校で教わるかもしれない）。自分の原稿を確かめたら、本当にそう書いてある。一体どうしたんだろう。

私は全身から力が抜け、気力も失せた。大学では量子力学を学んだというのに、私の老耄《ろうもう》もついにここまで来たか。なんという情けないことだ。

私は早速その読者に、ＰＨ値について逆のことを書いてしまったことを謝罪し、その研究者の研究自体は間違っているとは思えず、単に私が数字を見間違ったのだと思う、という内容のメールを送った。

そのことを、ホームページに書いたら、「ＰＨ7・8とお書きになったことを何かの間違いだったと誤解されていらっしゃるご様子がお気の毒に思えたので、メールさせていただきました。海水はもともとＰＨ8以上のアルカリ性なので、それがＰＨ8に近づき、より中性に近づく今の状態を酸性化と表現されているのをWeb上に複数確認しました。ですから、雁屋様の書かれたことは何も間違ってはいなかったと思われます。どうぞこれ以上このことをお気にやむことのないように」という、大変に心やさしいなぐさめのメールを頂戴した。

その感激もさめないうちに、またもう一人の読者から、

「私は植物プランクトンの研究を専門にしています。海水の『酸性化』そのものが専門ではありませんが、その辺の事情はよくわかっています。

雁屋さんが主張なさった、海のPHが7・8を示すように『酸性化』傾向にあるのだという文自体は、学問的には全く正しいのです。ただ、言葉の定義と背景が一般の方にはわかりにくいために、誤解されかねないかな、とは思います。

場所や時期にも多少左右されるものですが、もともと海水のPHは約8・3付近にあります。なので、もしPH7・8を示す海があるならば（私の常識的には）それは、相当『酸性化傾向』にあるといえます。真水を中性と定義するという中学校の常識からいえばPH7・8は確かに弱アルカリですが、PH7・8がPH8・3より（相対的に）酸性だ、という言い方もまた正しいのです（大学ではそのように教えます）。

雁屋さんが、『もともとPH8・3程度であった海が、PH7・8まで酸性化した』とおっしゃるのであれば、百点満点です。

p.s. それとついでですが、海の酸性化は大気中の二酸化炭素が溶け込んだからという単純なメカニズムで起こるわけではありません。ただ、それは余りに専門的になってしまうので、よろしければ本をご紹介しますが、ここでは控えておきます。複雑だということをご理解いただければと思います」

ああ、何という心やさしい方々であろうか。私は、すっかり落ち込んでいた心が、救われたような思いがした。

本当に、助け船を出して下さった読者にはなんといってお礼をいったらよいか分からない。

しかし、
一、私がＰＨの値について反対のことをいった。
一、私は、いつも、魚介類の保護とか、水質保全などと声高に唱えながら、その実、海水自体がアルカリ性であるという、海水についての基本的な知識を持っていなかった。
という二つの過ちは消えない。

読者に、あの過ちをお詫びすると同時に、海についてもっと基本的なことも含めて深く勉強し直すことをお誓いして、お許しを請いたいと思います。

いかにうっかりとはいえ、本当に、恥ずかしいことをしてしまいました。

それにしても、こんなに優しい読者をもって私は本当に幸せです。

皆さん、ありがとうございました。

これからも皆さんのご期待に沿うように頑張ってまいります。よろしくお願いします。

許しがたい、甘い味付けのモツ煮込み

で、これから今回の本題に入ることにする。

私の父は、極貧の家の出で、本来なら小学校を出てすぐに働かなければならなかったのだが、成績が大変良かったので、篤志家が援助をしてくれて中学にまで進み（昔は、そのような篤志家がいたんだ。大変なことだと思う）、その後は自分で働きながら大学を出たという努力一本槍の人間だった。

大学の時に肉問屋で働いて学資を稼いだせいか、肉のことには大変に詳しく、また、肉を食べるのが大好きだった。特に、牛肉を愛した。しかも、八十八歳で亡くなるまで、肉は脂身のたっぷりついた牛のばら肉を好んで食べた。脂身のない赤身の肉を出すと機嫌が悪かった。

私も父の影響を受け、子供の頃から肉が大好きで、それも脂身を好んで食べた。結婚した頃、私は連れ合いに「おれは、一生、肉と脂とニンニクだけあればいい」と豪語した。

今でこそ、牛肉はオーストラリアから輸入したりして、安い値段でふんだんに食べられるが、私の子供の頃、なんといっても肉はご馳走だった。

それに、アメリカ人を初めて見たときのあの驚き。どうしてあんなに身体が大きいのだ。背が高いし筋肉も隆々としている。

それは、彼らは肉をたくさん食べているからだ。我々も肉をたくさん食べれば、彼らのように大きくなれる。私たち一九五〇年代から六〇年代に育った人間は、そのような肉食信仰を抱いたものが多い。

今となっては、焼き肉などをたくさん食べ過ぎると身体に悪いのではないか、などと栄養学をわきまえている人間も少なくないが、いやはや、我々の年代は何が何でも肉が一番、だったな。

それで驚いたのは、力道山が大活躍しているころ、力道山がなかなか勝てなかった、キラー・コワルスキーという、背が高く素晴らしい筋肉質の実に強いプロレスラーがいたが（どうも、古い話ですみませんね。こんなプロレスラーのことなんか知っている人はもうほとんどいないでしょうね。このコワルスキー、ニー・ドロップで一人のレスラーの耳をそぎ落としたと伝えられていて、本当に怖い顔をしていたな）、そのコワルスキーが菜食主義者で、肉は全然食べないと聞いたときだ。

肉を食べないで、あんなに筋肉がつくのか。しかも、あんなに力が出るものなのか。肉食信仰家の一人として私は信じられなかった。

その後、何年も経って、初めてインドに行ったとき、宗教上の理由から菜食主義の人間が多いことを知った。しかし、その菜食主義のインド人たちも背は高いし、立派な身体をしているのだ。そこに至って、我々日本人の身体が小さくて、筋肉も付きにくいのは遺伝的なものである、という悲しい事実をはっきり認識しましたね。

話は飛びますが、アジア人は欧米人に比べて燃費が悪いのではないだろうか、と最近私は考えるようになった。アジア人は欧米人に比べて、食べることに非常に情熱を燃やす。とにかくよく食べる。しかし、身体は小さいし、筋肉もあまり付かない。

まあね、人間身体が大きければよいというものではないから、そんなことは気にしないでもよいのだろう。

食事の時にあまり栄養のことばかり考えるのも楽しくないし、いくら食べても大きくならないなんて悲観的になっては人生つまらない。大きくなる奴は水を飲んでも大きくなるんだ。余計なことを考えずに、旨いものを腹いっぱい食べた方が勝ちだ。

で、話を肉に戻すと、私は牛のサーロインやフィレの部分も好きだが、内臓の方がもっと好きだ。

今、牛の内臓料理というと、関西発祥のホルモン焼きなどが一番耳になじみがあるが、東京でも昔から、内臓料理は「モツ」という言葉が使われていた。今でも、「モツ煮込み」という言葉は東京近辺では盛んに使われている。

モツの語源は臓物だそうだ。内臓一般のことを臓物という。それを縮めた言葉らしい。

私はこの「モツ煮込み」が大好物で、それに酒があれば、他に何も要らないというくらい好きだ。ただ、どういう訳か、最近、その「モツ煮込み」に甘い味をつけるのが流行っている。これは、許しがたい。

私が大好きな居酒屋が、代替わりしたら「モツ煮込み」が甘くなっていた。私は、我慢できなくなって、「こんな甘い味付けのモツ煮込みは先代の名前を穢《けが》す」と今の経営者に文句をつけたことがある。

最近はモツ煮込みに限らず、甘い味付けが一般に受けているようである。

たとえば、牛肉の佃煮なんか、どこぞの名店の人気商品、などというものを一口食べてその甘い味付けに、気持ちが悪くなったことが何度かある。

私の家では、自家製の牛肉の佃煮が常備品だが、絶対に砂糖やミリンを使わない。私の家で牛肉の佃煮を作るときに使うのは、日本酒、ショウガ、醬油、それだけである。

こうして作った佃煮は、一週間くらい経つと旨さが本領を発揮する。熟成して牛肉独特の素晴らしい香りが立ってくるのである。これが、砂糖やミリンを使うと、その牛肉の熟成が成り立たなくなる。甘い味付けを好むのは、その人間の味覚が幼いからだ。きちんとした食生活を送って、ものの味が分かっている人間には、甘いものは甘くする、甘くしてはいけないものは甘くしない、という区別がつくはずなんだけれどね。

焼き肉屋のタレも、最近は甘すぎる。しかし、韓国で食べたとき、その甘さがすっきりしているので尋ねたら、リンゴを下ろしたものを加えていると聞いて納得した。

焼き肉の場合、私はいわゆる「はらみ」といわれる横隔膜の部分が非常に好きだ。脂がのっているし、よい歯応えだし、旨みが非常に深い。しかも、上品な味わいだ。

なぜレバーからいい香りが消えたのか

こうして、牛の内臓の旨さを取り上げていくと切りがないが、ただ、レバーだけは最近、私はちょっと敬遠気味だ。

私は子供の頃に大病をしたので、親が栄養をつけさせようとしてレバーを盛んに食べさせた。それで、飽きてしまったし、どうも最近のレバーはよい香りのものが少ないような気がするのだ。

それに、ある時、ふと考えたのだが、レバー、即ち肝臓は人間でもそうだが、その機能の一つは、体内に入った血液中の有害物質を害の少ない物質に変えて尿中に排出することである。ということは、体内の有害物質は肝臓に集まるのではないか。であれば、肝臓にはまだ分解前の有害物質が蓄積しているということはないのだろうか。

ＢＳＥの場合は、危険部位は「脳、目、脊髄《せきずい》、回腸遠位端部」とされていて、肝臓は入っていない。

少なくとも、ＢＳＥに関しては肝臓は食べても大丈夫ということになっているし、私の考えはたぶん間違っているかもしれない。

しかし、生のレバーは、鮮度がよくてもカンピロバクター、腸管出血性大腸菌Ｏ１５７などに感染する恐れがあるという。今の私はその危険を冒してまでレバーの刺身は食べたいとは思わない。

実は、若い時には、レバ刺しが大好物で、ずいぶん食べた。一度も食あたりしたことはなかった。食べると非常に元気が出るような気がしたものだ。

だが、前にも書いた通り、最近のレバーは香りがよくない。

どうしてなんだろうと考えてみて、思い当たったのは、牛の飼料の問題ではないだろうかということだ。最近の牛はトウモロコシを主体とする配合飼料で飼育されていることが多い。それが、問題だ。

私がなぜトウモロコシを主体にした配合飼料を牛に食べさせることに不快感を覚えるか。それは、牛は草食動物なのに、どうしてあんなにたっぷり肉が付くのかという理由を考えれば、分かっていただけるだろう。草がどうして動物性蛋白質《たんぱくしつ》になるのか。これを不思議だと思わないか。

牛には胃袋が四つある。

牛が草を食べると、まず第一の胃袋に入る。そこには、微生物が生息していて、その微生物が草を分解して、牛の体に吸収しやすいようにする。第二の胃袋にも微生物がいて草を分解する。

牛が反芻《はんすう》をするのは、更に微生物が働きやすいように、いったん食べた草をもう一度噛んで細かく砕いてやるためだ。

第三の胃袋で、更に砕かれて、第四の胃袋で人間の胃袋と同じように消化されることになっている。

牛の体は、そのように本来草を食べるように出来上がっているのだ。植物である草を動物性蛋白質に変える力を持っている。

そこに、穀物を主体とした配合飼料を与えたらどうなるか。

これは、全く牛の生理に反したことである。

胃袋の中の微生物の働きようがない。実に牛としてはおかしなことになってしまう。

牛としては、自然で健康な食生活とはいえない。牛も人間と同じだ。不自然な食生活をすれば、健康を害する。

それで、最近のレバーは、いい香りがしないんじゃないのかな。

全くの素人考えの当てずっぽうだが、頭は衰えても、嗅覚はまだ衰えていないぞ。

あ、せっかくの読者諸姉諸兄の食欲をそぐようなことを書いてしまった。

また、ここでお詫びをして、締めくくりとする。今回は、お詫びに始まり、お詫びに終わる。

なんという、人生だろう。

「二本脚のものなら母親以外食べる」中華料理の凄さ

蛇嫌いだが、食べるのは大好き

私は巳《み》年生まれだが（この、巳が蛇《へび》のことだということを知らない者は本塾の塾生の中にはいないものと私は信ずる、が、はたしてどうか）、私は蛇が大嫌い。これから死ぬまでの間に蛇を見ないで済ませられたらとても幸せだと思う。ああ、蛇は嫌だ、気持ち悪い、気分が悪い、醜悪だ。蛇が長いから気持ちが悪いわけではない。長いだけなら電車の線路の方が長い。蛇はウロコがあるから嫌だとなると、綺麗な金魚も観賞できなくなる。蛇の舌の先が二つに分かれているのが嫌というなら、二枚舌の人間の方が蛇よりその数は多いだろう。いや、こんなことを重ねても無意味だ。私は、蛇がどうしてここまで嫌いなのか、自分の理性をもって自分自身に説明できないのだ。

小学生の頃、河原にヨモギ摘みに行った時のことだが、突然蛇が十数匹、サッカーのボールの二倍くらいの大きさに丸まって、そのままぐるんぐるんと回転しながら河原を転がって川の中に落ち込むのを見たことがある。蛇どもは川に落ち込むと、そのまま四方八方に分かれて水面をうにょうにょろと泳いで姿を消した。一体どういうわけで蛇が球を作って転がって川にはまったのか、訳が分からない。交尾をしていたのではないかという人もいるが、交尾というものは集団で球を作っていたすものだろうか。

その疑問はともかくとして、いまだに身体の具合の悪い時などにその光景を思い出すと、身体の具合が更に悪くなるのだが、それが蛇ではなく、たとえば野ウサギなどだったらそれは気持ち悪いどころか、面白くかわいらしく思えたに違いない。

まむしの粉を専門に売っている業者がいて、その蛇農場を見学に行ったことがある。(蛇が嫌いだというのになぜ蛇農場を見学に行くか、とお尋ねか。実はその時、私はガラガラヘビの粉末をメキシコから日本に持ち込んで売ろうと計画しており、それなら日本のまむし業者の実態を知る必要があると考えたからである。なに？　蛇が嫌いなのに何でからしてガラガラヘビの粉末を売ろうとしたかと、お尋ねか。

まむしは反鼻といって、日本薬局方でも認められた薬品である。そして、まむし、沖縄のハブ、中米から北米南部のガラガラヘビ、この三種は、分類学上「まむし亜科」に入る。何と、まむしとガラガラヘビは親戚《しんせき》同士なのだ。であれば、まむしより数倍大きなガラガラヘビの効果はまむしよりあるはずだと思ったからである。

もともとメキシコに闘牛を見物に行ったときに、市場にガラガラヘビの干したものがたくさん売られているので、一体これは何だと尋ねたら、「これはガラガラヘビで、ガンの特効薬だ。これを粉にしてカプセルに詰めて世界中に売って大金持ちになったメキシコ人のおばさんがいる」と現地の人間にいわれたのが始まりで、「よし、これを日本に持っていって売ろう」と考えたのである。ガンの特効薬云々は信じられないが、まむしの親分なら、日本薬局方で認められているまむしの効能より遥かに大きい効能を期待するのは当然だろう。メキシコで焼いて粉末にし、メキシコ大学の医学部で安全性を調べてもらってお墨付きをもらい、日本に持ち込んだが、まるで売れず大損をした。

しかし、そのガラガラヘビの粉末の効果たるや実に顕著で、今でも売れ残ったものを大事に冷蔵してあるが、私の家族、それにこのガラガラヘビの効能のすごさを知った者は、ここ一番という時など、頼りにしている。私の連れ合いも、風邪を引いた時、疲れた時には第一に飲むし、娘たちも学校の試験の時にはしっかり飲む。睡眠不足でも頭はしゃっきりだそうだ。ただ一つの欠点は、酒を飲んだ後が楽なのでつい酒を飲み過ぎて太ることだ。)

いや、まあ、そういう訳で蛇牧場に行ったのだが、そこは凄かったな。檻《おり》やコンクリートの壁で動物園の猿山のような形に作られた蛇山があって、そこに生えている木の枝という枝に蛇がうじゃうじゃと固まりになっているのだ。

それを見て回るというより、目を伏せてなるべく見ないようにして回ったが、外に出てからあぶら汗で体中がべとべとになっているのに気づいた。いま思い出しても辛い。ああ、思い出したくない（ただ、どういう訳か、売り物のまむしより縞蛇の方が数倍以上いたのは、解せないことであった）。

そんなに蛇嫌いの私だが、まむしの粉末を飲んだり、ガラガラヘビの粉末を飲んだりするところからお分かりのように、蛇を食べることには全く抵抗がないのだ。というより、蛇は食べ物としたら私の大好物の一つだ。

広東や香港あたりでは、秋になると、蛇料理が始まる。冬眠前の蛇は体中に栄養をため込んでいるので美味しいのだ。シドニーの中華料理屋でも初冬になると蛇スープを出すようになる。オーストラリア人はどうせ飲まないからと壁に貼ったビラに「蛇スープ始めました」と中国語で書いてあったのを、食べ物についてだけは中国語が読める私が解読して、興奮して「蛇のスープがあるのか」と尋ねると、向こうも驚いて、日本人が蛇スープを飲むのか、という。

てやんでえ、こちとら、蛇年の生まれでい。蛇のスープで産湯を使ったってえくれえなもんだ、てなことといって脅かして持ってこさせたらこれが上々。最初は気持ち悪がっていた娘たちも一度でやみつきになり、六月になると（オーストラリアの冬は六月から始まる）、蛇スープ飲みに行こう、と私たちに催促するようになった。蛇のスープを飲むと疲れがとれるし、勉強もはかどるという。今、私は東京でこの原稿を書いている。後二日でシドニーに帰れる。シドニーは今、真冬。早速、蛇スープを食べに中華料理屋に行こうと張り切っておるのだ（残念ながらＳＡＲＳ問題以降、シドニーでは蛇スープは食べられなくなった）。

子供の頃の憎き仇を食ってみたら

しかし、日本人の中には蛇などはゲテ物だといって嫌がる人も少なくない。私には、そのゲテ物という感覚が分からないのだ。美味しければ何でもいいではないか、というのが私の基本姿勢である。

その点は中国人と共通するところが多い。というより、私なんか中国に行くと、むしろ所謂《いわゆる》「ゲテ」を探し回る傾向がある。私は北京で生まれたのだが、今年の春、姉や娘と一緒に、私の住んでいた家を探しに行った。その際に、新装なった「東安市場」の向かい側にできた屋台風の食堂街に行ったら、昆虫ばかりを集めて串刺しにして売っている店があった。

そういう店をどうしても私は素通りできない。見ると、イナゴがある、セミがある、芋虫《いもむし》がある、訳の分からん虫もいる。ところが、おお、その中に私は憎き仇《かたき》を見つけたのである。私は、中国に住んでいるときにサソリに刺された。命は助かったがひどく痛く、熱が出て、苦しかった。そのサソリが串に刺さって並んでいるのである。

これを見逃してなるものか。私は、胸躍らせて注文したですな。

これ、頂戴。

で、がぶりとやったですが、腹の部分は少し味があるものの全体としてぱりぱりしているだけで、格別の旨味はない。私を苦しめた仇はこんな味のやつだったかと思うと実に口惜しかった。(ついでにいうと、北京の味はえらく落ちましたな。今いった屋台風の食堂街だが、香港でも、広東でも、台湾でも、あるいはシンガポール、マレーシアでも、中国人の住む町でそのような食堂街に行けば必ず旨いものにありつけるものだ。で、当然我々としても期待して、よさげな店を選んで入ったのだがこれがひどい。直ちにその店を出て別の店に入るとそこも駄目。他の店で立ち食いしても駄目。結局収穫はサソリだけという惨憺《さんたん》たる有様。

私は、これが一体我が愛する北京かと、呆然《ぼうぜん》となった。ひどいのは、その屋台風食堂街だけではない。案内書に五つ星つきで紹介されている店も、次から次に外れる。清朝末期に権力を振るった西太后の食事を再現するというふれ込みの宮廷料理も、落胆せざるを得なかった。私たちは北京に行く前の週に韓国に行ったのだが、ソウルで食べた宮廷料理は上品で、なるほど宮廷料理と感心する味だった。

一緒に行った娘は、「清朝の王様はかわいそうね」といった。もちろん、西太后はもっと美味しいものを食べていたはずだ。今の北京の料理人の腕が落ちたということなのだろう。二〇〇五年頃に比べると北京の町並みは、がらりと一変して、我々日本人の感覚では考えられないような巨大な建物が大通りに立ち並んでいる。いやはや中国の発展は凄いものだ、このままでは日本は負けだなと、我々は圧倒されたが、その一方、北京の人々の気持ちが何だか荒れているようにも感じた。私の生まれた北京だが、あんなに潤いのないがさがさの町になってしまっては残念無念。大体、料理屋の味があそこまで落ちてしまったのに、それに気がつかないなんて、中国人はどうかしてしまったのではないかと心配でたまらない。)

蛙の方が鶏より旨い

で、ゲテに話を戻すと、私にはゲテ物という感覚が分からないといったが、中国人ははなからゲテ物という感覚とは無縁だろう。彼らは、二本脚のものなら母親以外すべて食べる（父親も二本脚だが、彼らの食の禁忌の対象になっていない。いざとなったら父親は食べてもよいのである。父親ってなんて悲しい存在なんだろう）、四本脚のものなら机以外すべて食べる、空を飛ぶものは飛行機以外何でも食べる、という人たちだ。

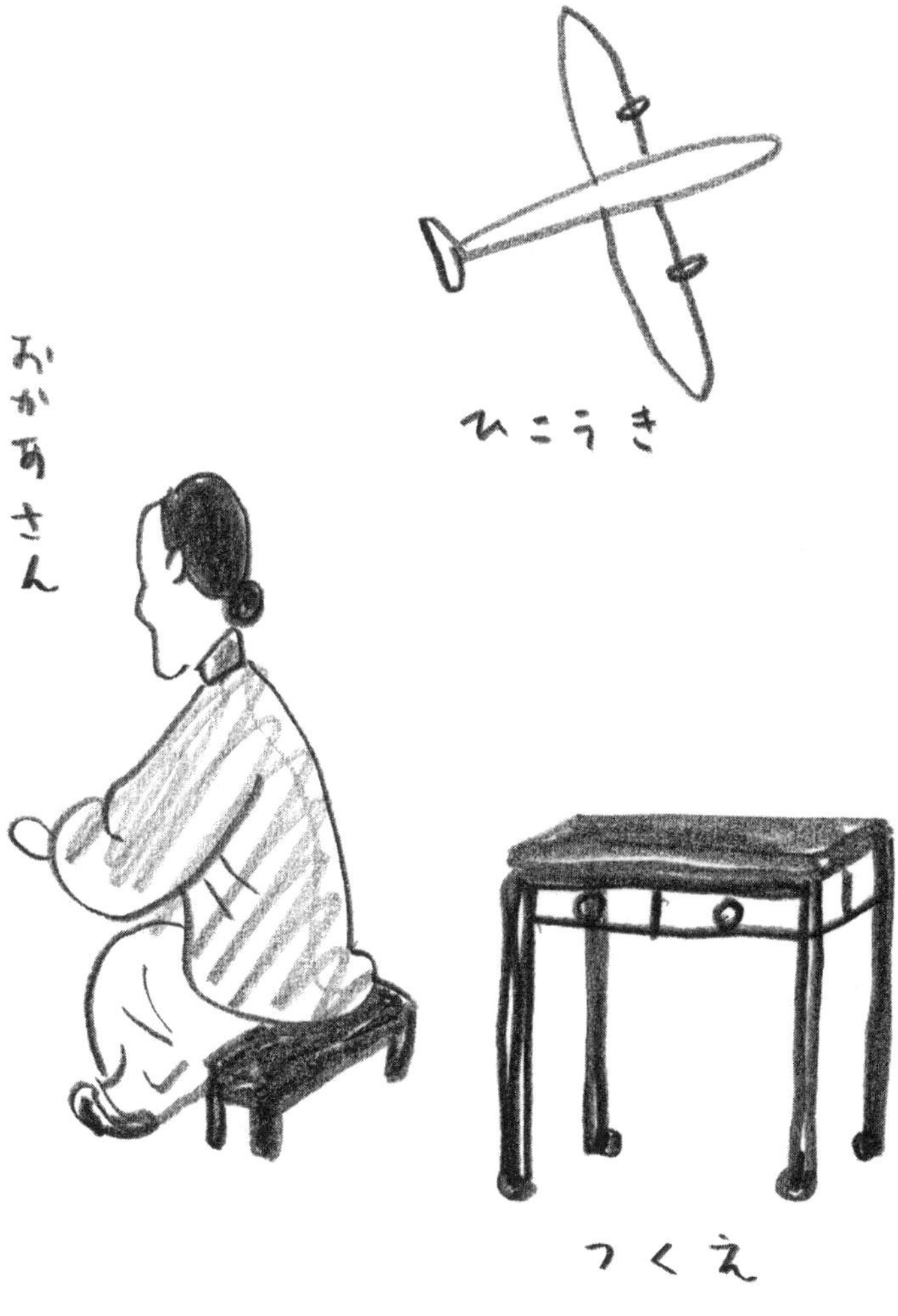
ひこうき
おかあさん
つくえ

私がこれまでに中国で食べたところの、日本人風にいえばゲテ物といわれるものを挙げてみると、猫、犬、コブラを含む蛇数種、ハクビシン、干した蛙《かえる》の脇腹、鶏の足（指の部分）、あひるの水かき、ラクダの手のひら、熊の手のひら、極め付きは猿、てなものだろうか（今、私は死ぬほど身体の具合が悪いので、記憶力も最低で、過去に経験したことのすべてがシャボン玉のように、頭の中に浮かぶかと思うとぷちんとはじけて、後に何も残らないという激しく苦しく悲しい状況にあるので自分が食べたものを思い出すことすら不可能なのだ。許してくれい）。

大抵の日本人は今私が挙げたものについて「うわ、気持ちが悪い」と思いこそすれ、「うわ、美味しそう」とは思わないのではないかと思う。

一番単純な例を挙げてみよう。

蛙だ。蛙なんて食べるものじゃないなどと考えている人間は都会には多い。田舎では、さすがに「赤蛙は旨いよ」という人に出会うこともある。

しかし、一般的な日本人が蛙を食べることに情熱を抱いているとは思えない。ましてや、犬の鍋と来た日にはその名前を聞いただけで逃げ出す人が多いのではなかろうか。私は蛙が大好物。ただし、日本で売っているあの巨大な食用蛙というやつは駄目。あれは輸出専用にするのが正解。私が好きなのは、田鶏（デンチーと読む。田んぼの鶏という意味だ）といって、日本でいえば赤蛙に近い小型のものだ。

シドニーの中華街に行くと私の好みを知っている支配人は、田鶏があると、私を喜ばせようと「今日はよい田鶏がある」といいに来る。田鶏などというが、私は蛙の方が鶏より遥かに味がよいと思う。とにかく味が上品だ。しゃっきりすっきり歯ごたえがよく、味はさっぱりして淡いようだがその実深みがあって、食べ出すととまらない。料理法はいろいろあるが、私は単純に唐揚げにしたものが一番好きだ。

犬については、ベトナムでは焼いたものを、広東では鍋にしたものを食べた。柔らかく香りがよく、これだけの肉は滅多にあるものではないと思った。ところが、韓国の犬料理屋で、その話をしたら、店主の女性が、「鍋にして時間をかけて煮たでしょう」という。その通りだというと、店主は鼻をふくらませて、「それは犬の質が低いからだ。うちの犬は上質なので、軽く茹でるだけだ。それでこそ犬の旨味が分かるのだ」という。確かにそのソウルの犬肉は皮のゼラチン質がとろりとして申し分のない味だった。

日本人よ、もっとゲテに挑戦しよう

おっと、中華料理の話が韓国料理にずれかけている。舵《かじ》を取り直そう。そもそも、食べ物にゲテも何もないのであって、人間は自分の命を保つために、身の回りで手に入るものを工夫して食べる、それが人間の生き方の基本である。

中国人はその工夫と努力に長けている上に、食べ物についての開拓心冒険心が他の国の人間より強いということなのではなかろうか。私だってゲテを異様に求める変態というわけではない（認めてくれる人は少ないが）。単に美味しいものを探していたら、ゲテに出会ったというということで、その出会う確率が、中華料理で高かったということに過ぎないのではないかと思う。

日本人は刺身が好きだが、欧米の人間から見れば刺身など野蛮の極みのゲテとなる。最近、日本料理は健康によいという思いこみが広まったことに加えて、日本が経済大国になったことで世界中に日本料理店が増殖したおかげで、日本料理は受け入れられるようになったし、同じ生の魚でも寿司となると刺身よりずっと食べやすいし形も美しいので、西欧の大都会ではよく見かけるようになったが、それでも普通の欧米の人間にとって、刺身はいまだにゲテである。知識階級富裕階級は、一種の見せびらかしで、寿司や刺身を食べているようにしか思えない。

日本人は、食の範囲がまだまだ広いとはいえない。アメリカではファーストフードなるジャンクフード（ジャンクとはくずの意味である）の宣伝に乗せられて訳も分からず、健康を破壊するのにこれ以上のものはないというものを子供のころから食べている。アメリカに行って驚くのは、八〇パーセントの人間が異常な肥満体であることだ。当たり前のことで、あんなジャンクフードを食べ続ければ、あのような体形になるに決まっている。行きつく先は糖尿病、高血圧、痛風というおきまりの成人病である。日本もそうなりたいのか。

日本人が今の世界最高の平均寿命を保つためには、和食の良さを保ち続けること、同時にゲテといわれる中華料理に積極的に挑戦することだと思う。あなたね、中国の富裕階級の平均寿命たるやすごいものですよ。

日中友好は食べ物から。

ゲテっぽい中華料理の旨さを知って、中国の発展に遅れをとらないようにしようというのが、愛国者である私の提言なのである、
酢豚、八宝菜だけが中華料理ではないのだ。もっと美味しくて身体によいものが中華料理には山ほどある。中華料理店は日本の街角には必ずあるが、内容をもう一度考え直してくれ。じゃね。

刺身と来たら醤油、でいいのかという大問題

韓国風の刺身の味わい方

魚は鮮度が第一だ。

刺身は当然のことながら、煮魚焼魚も魚の鮮度が高ければ高いほど、美味しい。鮮度が高いほうがよいのは魚に限ったことじゃない。たとえば総理大臣なんてもんもそうだね。総理大臣になることは、あれはよっぽど嬉しいものらしいね。総理大臣になるってえと、みんな初めての試験に花丸印をもらった小学生のようにはしゃいで見せる。それでもって、あれをします、これをしますと大判振る舞いあれこれいい散らかす。気持ちわるいね。偽善という言葉がこの世の中に存在することを体験したいと思ったら、総理大臣になった人間のいった

ことその後で実際にしたことを比べてみればよろしい。

で、偽善は長続きしない。三か月もすると百年前から首相をしてきているみたいな厚顔無恥で、えっらそうな顔になる。同時に悪いことを次々に始める。こういう人間を首相として置いておくことは百害あって一利なし。直ちに辞めさせるに限る。ふつう会社に入っても最初の数か月は試用期間である。その期間に問題がないとなれば正社員になる。

首相にも試用期間というものがあった方がいいんじゃないか。で、大体のところ三か月の試用期間中にぼろを出すから、そこで首にする。なあに、心配は要らない。首相になりたい人間はウンカのごとくにいるし、早い話、日本なんて国は誰を首相にしたところで同じなんだ。

とにかく総理大臣なんてものは鮮度のあるうちに取り換えた方がよい。

どうも、面白くもないほうに話が行ってしまって済まん。時々私は脱線する癖があるらしい(今ごろ何をいうか、だって。そういわれればもう一度済まんというしかないな)。

いや、それで、刺身の方に話を持っていくとだね、実は先日韓国に行ったのだが、そこで食べた刺身の食べ方が、我々の刺身についての食べ方をその根底から覆《くつがえ》すものだとしみじみ痛感したのだ。

韓国では、いかなる刺身でも、まず、エゴマの葉にニンニク、コチュジャンなどの香辛料を加え、その上に刺身を載せて、エゴマの葉っぱですべてを丸めて食べる。私は、何度も試したが、この方式では、確かに何かの魚の刺身を食べているということは分かるが、その魚の個性の微妙な味を判別するのは難しいと思った。

その時私たちの行った店では、ハマチと天然のアラを二つながらに用意しておいてくれたのだが、その方式で食べてみると、天然のアラとハマチとの味の差を見極めるのは極めて難しいという現実にぶつかった。この、エゴマ、ニンニク、コチュジャンという組み合わせの中では、どのようにして、天然のアラの繊細さをハマチの味と区別して語ればよいのであろうか。それは、最初から、無理の上に無理の花を咲かせよう、というものであると思った。

ついでながら、アラは韓国でも極めて高価な魚である。ハマチとは数倍の値段の差がある。それなのに我々には、韓国風の食べ方をすると安いハマチも高いアラも区別がつかない。もちろん、韓国人は、韓国の料理法が一番よいと信じているから、その刺身の食べ方が、すべての魚の微妙な味を味わい尽くすのに一番優れたものだというに違いない。

エゴマの葉、コチュジャン、ニンニクの味の向こうにアラの微妙な味を認知できるのだろう。それができずに、アラもハマチも同じ味に感じてしまう私たちの舌の鈍感さを笑うのであろう。

しかし、私のようにこの年まで日本の味にどっぷり浸かって育ってきた人間にはもはや韓国風の刺身の食べ方では、魚の微妙さを感知しえないのだ。

私は、食べ物の味わい方が土地によって違うことをさんざん身にしみて理解してきたので、韓国風の刺身の味わい方を日本側に立って、あれでは本当の刺身の味が分からないでしょう、などというつもりは全くない。

てなことをいうと、何だか私は、物事なんでもよろしい、誰かが旨いといえばそれでいいじゃないか、と極めて後退的な意見の持ち主に見られても仕方がないが、食べ物に原則や法則はなく、ただ一つの地域で行われている食の習俗を間違っても食全体の法則のようにいわないようにしよう、と思っているだけのことである。

どっさりワサビで刺身を食べる台湾人

これはシドニーの日本料理店の人間から聞いた話だが、台湾の人間は大変にワサビが好きだそうである。それも、シドニーだから、本ワサビではなく、粉ワサビである。この粉ワサビを溶いたものを、醤油の中にどさっと入れる。醤油よりワサビの方が多く見えるほど入れるという。それは、台湾人でも一部の人でしょう、と私がいうと、日本料理店の人間は、いや、台湾人のお客はすべてそうです、とにかく、嘘のようにたくさん入れます、という。

その真偽はともかく、世界もずいぶん変わったものだと私は思った。昔は、アジア人で唐辛子の辛さになれた人も、日本のワサビの辛さだけはつらいといっていたものだ。唐辛子は舌に来るが、ワサビは鼻に来る。それが耐え難いといっていた。それが、今や、醤油よりワサビの方が多く見えるほど入れるとは。

韓国の料理屋でも刺身に添えてこの粉ワサビを溶いたものがついて来たが、それは日本人向けのおまけであって、韓国人はみんなニンニクと唐辛子の味で刺身を食べている。台湾人のようにどっさりワサビをぬたくって食べても、ニンニク味で食べても、刺身を美味しいと思えばそれでよいのだ。

刺身にする魚の好みも人によってずいぶん違う。マグロが好きだというと、白身の魚の繊細さが分からないのかとせせら笑う人もいる。西洋人に至ってはいまだに魚の刺身自体を気持ち悪がって食べない人が多いからね。人の好みは分からない。

かと思うと、長野県の人間は馬の刺身を好む。長野は山に囲まれていて海から遠い。したがって、魚の刺身より馬の刺身に馴染《なじ》みを感じるのであるらしい。

アングロサクソンというのは奇怪なところがあって、食べていい動物と悪い動物を自分の好みで決めてそれを絶対視し、自分だけでなく他人にもそれを守れと強要する。鯨《くじら》は可愛い動物だから絶対に食べるなと世界中に脅しをかける。イギリスは競馬の発祥の地であるから、イギリス人は馬を愛している。オーストラリア人も過半数がイギリス人の末裔《まつえい》だから馬を大変に愛する。そのオーストラリア人に私たちは馬の刺身を食べるといったら、彼らは目玉をまん丸くして私を異星人でもあるかのように見た。

私の友人で、博多で料理屋を営んでいる婦人がいる。『美味しんぼ』にも何回か登場している「大塚」という店の女主人で、ある時何人かと一緒にシドニーに遊びに来たときに、なんと「たてがみ」を持って来た。馬のたてがみの下の肉をそのまま「たてがみ」という。馬肉の中でも抜群に美味しい部位である。

オーストラリアは島国であるから外国から植物や食べ物を持ち込むことを厳しく制限している。特に肉類は厳禁である。そんなことも知らずに、「大塚」の女主人は、肉を、それも馬の肉を、しかも生のものを、持ち込んでしまったのである。

気がつかなかった税関も悪いが、「はい、お土産」といって渡された私は仰天した。これは重大犯罪である。犯罪の痕跡は隠滅するに限る。で、私たちは急いで「たてがみ」を食べてしまった。

しかしねえ、税関の人間が、それが馬の肉と知ったら発狂したかもしれないね。馬の肉を食べるなんて、そんなことが世の中にあってよいことだなどとオーストラリア人なら考えもしないことだからなあ。

「にーんそば」なるものの正体

京都も日本海の方に行けば海があるが、その間に山があるので新鮮な魚が昔は手に入りづらかったという。そこで、京都では乾燥した魚を食べる技術が発達した。たらを干した干鱈を戻してエビイモと煮た「棒鱈」なんてものは、京都がいかに新鮮な魚のない土地だったか物語る京料理の一品である。

京都では、にしんソバってのが人気がある。その「し」の字を長く延ばすので、そば屋の看板の字が「にーんそば」と読める。

大学生になり初めて京都に行ったとき、「にーんそば」「にーんそば」とあちこちに看板が出ているが一体あれなる「にーんそば」とは何なのだろう、と一緒に行った東京生まれ東京育ちの友人二人で頭を抱えた。

そこで仕方がない、食べてみるしかないだろうということになって、「にーんそば」の看板が出ている店に入って「にーんそば」を下さいと口に出していったのである。「にーんそば」とはっきりと聞いて店の人間はけげんな表情をしたが、何とか我々の欲するところのものを理解したようで、承知したむねを我々の理解しがたい京都弁で我々に告げて姿を消した。

ええですか、京都弁というのは、実に不可解な言葉で、あれは、よその土地の人間に京都を理解させてなるものかという、京都の人間の熱い情熱を感じさせるものですね。京都の人間は、特に東京の人間には絶対に分からない隠語じみた言葉を使って会話をしていると、私はひがんでいいたくなるです。

さて、それからが問題でしたね。

友人が私に聞いた。

「おまえ、『にーん』って何だか分かってんの」

「ばかやろ、分かってねえから注文したんだろう、お前だって分かってねえだろうが」

「分からないまま食べるのはよくないと思わないか。おれたち学生だろう。学生は物事を学ばなきゃ」

「何をいいたいんだ」

「だからさ、お店の人に聞けよ、『にーん』って何ですかって」

「お前は本当に心からの親友だってことが今分かったよ。だから、こうして、おれに恥をかかせてくれようって親切心を起こしてるんだよな」

「分かってるなら、聞けって」

「おまえ、あの店員さんな、あの人、お前好みの美人だな。まさに京美人だよ」

「うん、そうだ、京美人だ」

「東男に京女というだろう。だから、お前に譲ってやるよ。あの店員さんにお前が聞け」

「お前だって綺麗だと思ってるから、そういうんだろう。お前が聞け」

いい争っているところに、その女店員がお茶を運んできた。

「お茶をどうぞ」

「あ、ありがとうございます」

「ど、どうも」

私たちは女店員がお茶を我々の前に置くのを、身体を固くしてじっと見つめた。

女店員が立ち去ると、友人がいう。

「眼がな、素晴らしかったな」

「唇も綺麗だった。あれが京美人なんだな」

二人は、うっとりとしてお茶を飲んだ。

あまり、固くなっていて「にーんそば」の「にーん」とは何か聞くのも忘れてしまったのである。

昔のことだ。私も友人も、大学生なのに、それまで女性と手を握りあったこともなく、ただひたすら、女性を崇めあこがれていたころのことだ。若い女性はみんな美しく見えて、近くに寄るだけで緊張したのである（今の若いもんから見たらお笑いの限りだろうけれどね）。

やがて、「にーんそば」が運ばれてきて、私と友人は、そばの上に、じっくりと煮詰めた磨きニシンが乗っているのを発見し、それで「にーんそば」が実は「にしんそば」であることに納得しました。

「そうか、ニシンだったのか」

「だから、いっただろう、わ、は、は、は」

でその場は収まりましたが、いまだに、にしんソバを目の前にすると遠い昔の友人とのやり取りを思い出すのであります。

魚は鮮度が第一と切り出しておきながら、干したニシンを前にした、我々昔の学生の話になり、実に鮮度の低いことになってしまった。

じたばた口惜しくなるほど旨い、北海道の鮭

エスキモーの生肉の食べ方

私は自分の身体はどうなってしまったんだろうと思う。昔は冬にはとっくりのセーターを着、コートを羽織り、マフラーをして、その上に手袋まではめていた。ところが最近は、体温の調節機能がおかしくなったのか、やたらと暑がりになってしまい、東京の冬程度なら素肌の上にシャツ一枚、その上にセーターを袖《そで》を通さずに羽織るだけで充分である。その袖も通さないセーターも、暖房の効いた室内ではかたわらに置いてしまう。

それくらいの暑がりだから、北国へ冬に行くことなんか全く気にかけない。ただし、雪は苦手だ。雪が降る風情は美しい。雪が積もった景色も美しい。しかし、その雪に囲まれて生活す

るとなるとこれは別問題だ。まず足元が滑《すべ》る。私はそれでなくともよく転ぶのに、足元が滑るとなると、これは危ない。靴の裏に滑り止めを貼っても万全とはいい難い。車の運転も危ない。

四半世紀も前のこと、私は、真冬に飛騨高山まで車で出かけたことがあるが、神奈川県の家を出る時は晴天だったので油断していたら、一泊した翌朝は大雪で私の車が旅館の前で雪に埋もれんばかりになっているのを発見して仰天。当然タイヤに巻く鎖も持っていない。そのまま普通のタイヤで雪の積もった道を運転して帰ったが、その時の舌の引きつるような恐怖は忘れられない。

タイヤが滑るから車の挙動を完全に把握できない。制御も完全にはできない。私の意志と無関係に車の向きが変わる。運転を間違えたら左の山肌に激突するか、反対車線に飛び出して正面から来る車に衝突するか、他人も巻き込む大惨事だ。何とか無事に雪道から脱出した時には、くたくたになっていた（今だったら鎖なしで雪道を走るのは道路交通法に違反するのかもしれないね）。

その滑る恐怖もさることながら、雪が降り積もっていると、とにかく行動が不自由だ。雪国での生活は本当に大変だろうと察する。私なんか屋根からの落雪に埋まってしまうか、酔っぱらって雪道で寝込んで凍死してしまうか、危険が多すぎて、とても住む勇気はない。

私の連れ合いの姉一家はシカゴに二十年以上住んでいる。ある時真冬のビデオを送ってもらったのを見たら、庭に雪が積もっているのだが、それが日本の北陸地方に降るような重たい雪じゃない。粉雪が積もっていて風で雪が下から舞い上がる。これもまた凄いぜ。

シカゴはとにかく寒い。義兄はある朝車に乗ろうとしたら、車の鍵穴が凍っていて鍵が入らない。そこでやかんに湯を沸かしてきてそれを鍵穴にかけたら、ああ、なんということ、熱湯が一瞬にして凍ってしまって事態が更に悪化したという。

だが、美味しいものを食べるためなら、雪なんか気にならないね。また、これがどういうことなのか、北の国には旨いものがたくさんある。外国の北国のことはよく知らないが、一度冬の初めにスウェーデンに行ったことがある。雪が積もって、滅法寒かったが、市場を見て回ったら、魚介類も豊富だった。北の海は豊穣《ほうじょう》なんだな。

エスキモー（シベリアからグリーンランドにかけて、ロシア、アメリカ、カナダに住んでいる原住民。エスキモーという言葉は差別語だといわれていて、カナダではイヌイットというが、最近はエスキモーは差別語ではないと認められていて、グリーンランドやアラスカの原住民にはイヌイットと呼ばれることを嫌がる人たちもいるというから、ことは厄介だ。私なんか、エスキモーは差別語でイヌイットというべきだと思いこんでいたので、そういう話を聞くと訳が分からなくなる。言葉とは難しいもんだ）の中でアザラシやセイウチを狩猟して生活している人たちは、アザラシなどの肉を生で食べる。冬季、野菜は手に入らないが、ビタミン不足にならないのは生肉を食べているからだという。

生肉は熱を加えて調理したら失われてしまう様々な栄養素があるのだそうだ。そう聞くと大変心強い。焼き肉を食べに行って、脂っこいカルビなどをしこたま食べても、ユッケを食べると「よし、これで大丈夫」と安心する（何が大丈夫なんだか）。

で、彼らの生肉の食べ方だが、テレビで見たところでは、肉を口に入る大きさに小さく切ったりしない。一方の手で肉のかたまりを摑《つか》み、その端っこに咬《か》みつくと、もう一方の手のナイフで、咬みついたところを肉のかたまり本体からズバリと切り離す。すると、ちょうどよい量の肉が口の中に残り、手の中の大きな肉のかたまりは次の人間に回すのだ。私は一度、ああいう生肉の食べ方をしてみたいと憧れている。あれこそ生肉の正統的な食べ方ではないかと思うのだ。

鮭は沖で獲れたものが何でも旨い

話を日本に戻す。私は何度か北海道に行ったことがあるが、行く度に口惜しいほど旨いものを食べさせられて、「北海道の方はお狡《ずる》いんじゃございませんか、こんな美味しいものばかり召し上がっていらっしゃるなんて」といってしまう（ええと、正直に告白しますが、本当はそんな言い方はしません。わめきます。では実録。「ほっけえどおの連中はよおっ！　ずりいじゃねえかよおっ！　こんなうめえもんばっか食ってやがってよおっ！」失礼しました）。

イクラ、ウニ、カニ、「時知らず」といって春から夏にかけて獲れる鮭、キンキ、ホッケ、更には鮭児《けいじ》、イカの沖漬け、全く何でもありだ。ずっりいよなあ。

ここで、ちょっとお勉強。「時知らず」というのは、鮭は秋に獲れるものだが、餌《えさ》を求めて回遊しているものが季節外れの春から秋に定置網で獲れるため、季節外れという意味で「時知らず」というのだそうだ。鮭の種類としてはシロサケだ。

秋に獲れる鮭は産卵のために川に戻ってくるのであって、腹に卵が入っているからその分精力をそがれてしまって、身は痩せて脂がない。脂がないから塩鮭などにして保存できるのであって、脂がのって旨いとなると、秋の鮭は「時知らず」に遠く及ばないと私は思う。

イクラだって、川に上ってきてしまう前に沖で獲った鮭のものの方が美味しい。川に上ってきてしまうとイクラが卵子として育ってしまって、皮が固い。そうでなければ川に産みつけられて孵化《ふか》するまで保たない。川で獲れたイクラはぷっちんと固い歯ごたえだが、沖で獲れたイクラはちょっと歯に力を加えただけで、しゅわっと弾けて心地よい。味もくどくない。

（私の親友の奥方が北海道の出身で、いつも北海道の親戚から旨いものを送ってもらっている。時々そのおすそ分けに預かるのだが、そのおすそ分けのイクラの醤油漬けを食べたとき、本当に、ああ、狡い、羨ましい、と思ったですな。

夕張メロンも忘れられない。今、夕張メロンは一個一万円以上するそうだが、まだ夕張メロン自体が全く有名ではない頃のことだ。その友人に二個もらって車に積んで帰ったが、家に着いたときには車中に甘くて蠱惑《こわく》的な香りが充満して、食べる前から恍惚となった。もちろん味の方は、こおのやろう、なんでこんなにうめえんだよおっ!、とわめいてしまうくらい、超絶的に美味しかった。

しかし、夕張メロンを食べるたびに一種淋しいような悲しいような気持ちになる。というのは、夕張メロンは炭礦《たんこう》の町夕張が炭礦閉鎖の後、町を支える産業として起こしたものだからだ。

それ自体は大変に素晴らしいことだが、個人的な事情をいうと、実は私の父は夕張とは関係ないが石炭会社に勤めていて、一時は景気がよかったのだが、国のエネルギー政策が石炭から石油へ転換したこと、外国の安価な石炭が入ってきて競争に勝てなくなったことが重なり、結局は解散ということになってしまった。

父が会社の解散時にまさに塗炭の苦しみというものを味わっているのを見ていて、私も苦しかった。で、今でも炭礦という言葉を聞くと穏やかな気持ちではいられない。父の勤めていた会社とは関係ないが夕張と聞くと、炭礦、父の会社の解散、父の苦労、と連鎖的に心に浮かんできて、複雑な思いにとらわれるのである。

会社の解散から三十年近くたって、家族でタスマニア旅行をしたときに、石炭の露天掘りをしているところを通りかかった。父はそれを見て、「私たちの会社の炭礦は鉱脈に達するまで、地下数百メートルまで掘り下げなくてはならなかった。それがここでは、地表から掘り出すだけだ。これでは、値段で負けるはずだ」と口惜しそうな顔でいった。三十年近く経っても父は当時の苦しみを忘れていないことを知って、私は父の心の痛みを再認識した。そして、私の心も痛んだ。)

鮭児はその言葉どおり鮭の子供である。もともとアムール川のシロサケが、アムール川に戻る途中で北海道の定置網にかかったもので、子供だから体も大きくなく、生殖腺(精子・卵子を作る器官。雄なら精巣、雌なら卵巣。ついでにいっておくと、精巣は精子を作る器官で、魚でいうと白子。筋子とイクラは、同じものに見えるが、厳密にいうと、イクラは卵子、筋子は卵巣で、イクラと同じに見えるつぶつぶは未成熟の卵子である。だからそれぞれの粒が密着しているのである)も発達していない。

だから秋に獲れる鮭は三キロ以上あるが、鮭児は大きくても二キロくらい。しかし、子供だとあなどるとこれが大間違い。脂がのっていて、一口食べると、あっと声が出るくらい美味しい。私が初めて食べたときも、確かに鮭児は高価だったが、まだ、理性の範囲で買える金額だった。

それが、テレビで紹介されたとかで、それ以後、恐ろしい値段になった。私が懇意にしている札幌のイクラ・キング（イクラを全国に宅配便で売る仕事で金持ちになったので、そう呼ばれている）は高級な魚介類ばかりを扱っているが、そのイクラ・キングが数年前に会ったときに「鮭児は途方もない値段になったので扱うのをやめた」といった。高級魚専門のイクラ・キングが呆れるような値段になったというから恐ろしい（今は取り扱いを再開したようだ。その代わり、値段の方は……）。

スモークサーモンとルイベの食感について

鮭というと、メフンも美味しい。これも、私はさっき述べた親友の奥方におすそ分けしてもらって食べたのが最初だが、色は黒くてわずかに紫色がかって見えて、口に含むと、こんな高貴な味の塩辛が世の中に存在するのかと、思わず平身低頭、三拝九拝、三べん回ってわんといって飛び上がりたいくらい旨かった。

このメフンを鮭の血合いという人がいるがそれは間違い。血合いというのは、血合い肉のことで筋肉である。メフンは、中骨に張りつくように付いていて一見血合いのように赤く見えるが、筋肉ではない。腎臓である。一匹の鮭からそんなにたくさん取れるものではないので、これも貴重品だ。東京に住んでいる人間にとって本物の凄い味のメフンを食べることは、難しいだろう。

欧米人はどういう訳かスモークサーモンが好きで、前菜やサンドイッチの具として頻繁に食卓に登場する。鮭の刺身も欧米人の好みで、カリフォルニア・ロールというアメリカ原産の海苔巻き寿司には不可欠なものとなっている。私は鮭を焼いて食べるのは好きだが、実は、スモークサーモンや刺身は苦手である。鮭は生だと、なんだか上あごにべっちょりくっつくような感じがする。その感覚が苦手なのだ。

ところが同じ生の鮭でも、凍らせてルイベにすると、これは大好物というのだから我ながらおかしいや。ルイベは、アイヌ語であるらしい。一説に、アイヌは冬に獲った鮭を河岸に放置して凍らせて食べたという。それがルイベの始まりだというのだが、この食べ方は理にかなっているところがある。

というのは、鮭にはアニサキスなどの寄生虫がいることがある。そんな鮭をそのまま生で食べると、アニサキスが体内に入ってきて暴れるから、場合によってはひどく苦しむことになる。ところが凍らせるとアニサキスは死んでしまう。

したがってルイベはアニサキスの心配をしないで済むというのだが、私は、そのような安全上の見地からではなく、ルイベの食感が好きだ。しゃりしゃりとした歯ごたえがして、舌の上で凍った鮭の肉が溶けていく、あの感じがたまらない。冬にアイスクリームを食べるのはおつなものだが、このルイベも暖房を効かせた部屋で食べると、旨さがひとしおだ。

大人気野球選手はやっぱり普通の人とは違うのだ

そういえば、十六、七年ほど前に、札幌で、素晴らしく美味しいメフンと、カニとエビの外子（カニ、エビが腹の外に抱いている卵のこと。ついでにいうなら、卵巣は内子という）など北海道の海の宝物を、あるスポーツ・ジャーナリストと大人気野球選手と食べたことがある。

そのジャーナリストは、今や大変に有名で名前を公表するとその人間の個人情報を暴露することになるので、仮に「な」としておくが、三十年ほど前には私を無理矢理手洗いの便器に腰かけさせてその写真を撮って、滅茶苦茶な記事を「少年サンデー」に書くような飛んでもないライターだった。

ところが話してみると、私が子供の頃に住んでいた田園調布の隣組の、あるご家族の親戚であって、我々はどうやら子供の頃に出会って一緒に遊んでいたらしい。そういうことがあって、つき合っていたのだが、いつの間にか野球の世界で名を売っていた。

で、十六、七年前の夏のある日、私が北海道へ行こうと思って羽田空港に行ったらそこで偶然「な」と出会って、その晩札幌で一緒に食事をしたのだが、既に有名なスポーツ・ジャーナリストになっていた「な」は、試合で札幌に来ていた当時若手で人気絶頂の「き」選手を店に連れてきた。

「な」はなかなか選手たちに人望があるようで、「き」選手もいろいろと相談事をして、「な」は役に立つのかなんだか知らないが親身な態度で相談に乗っていた。その時のメフンとカニとエビの外子が滅法美味しかったのだが、「な」は覚えているだろうか。それにしても、札幌には美味しい店がたくさんあって、その店のどれもが、北海道の海の幸を贅沢な使い方をしているので、食べに行くと、嬉しいやら口惜しいやらで、じたばたしてしまうな。

思い出したついでにいうと、それから幾星霜かあって、私はある年のNHKの「紅白歌合戦」の審査員を仰せつかったことがある。

その時「き」選手も審査員として加わり、私の隣に座った。審査の仕方は、一つ一つの組み合わせの紅白両方の歌手が歌い終わった時点で、その組の紅白のどちらの勝ちかボタンを押すのである。

で、ある女性歌手が歌った後、私は「き」選手にいった。「今のはよかったね」。すると、「き」選手は憮然《ぶぜん》として「自分は、全部白組に入れることにしてますから」という。私は、驚き呆れた。それじゃ、審査員の意味がないじゃないか。同時に思いましたね。普通の人間と違う感性を持っているからスターになれるのだと。それにしても、私はいいたいね。「こおら、永谷君よ！　昔、私の息子に江川投手のサインボールを持ってきてくれるといった約束はどうなった。私の息子に対する面子は丸つぶれだ。第一、江川投手は、もう、引退しちゃったじゃないか」

あ、いけない。「な」が誰だかばれてしまったな。まあ、いいや。「な」よ、近いうちに北海道の旨いものをご馳走してくれよな。そうしたら、「江川投手のサインボール」の件、私が代わりに息子に謝ってやるぜ。もっとも、息子はサインボールを欲しがる年ではなくなってしまったが。

しみじみ飲みたい、日本酒の楽しみ方

猪口三回分け飲みの落語家

二〇〇五年の春、連れ合いが突然「私、新庄選手が好きになったわ」といった。新庄選手といえば、大リーグでも活躍した日本ハムの看板選手である。その新庄選手をどうして今頃改めて、好きになった、などというのかと思ったら、連れ合いはいった。「テレビで、新庄選手は今季の目標を尋ねられて『人の悪口をいわないこと』と答えたのよ。野球の選手が今季の抱負は何かと訊かれたら、本塁打を何本、打点を何点、などと答えるのが普通でしょう。それなのに『人の悪口をいわないこと』だなんて、新庄選手は凄いわよ。本当に好きになっちゃった」

なるほど、それは凄い。ここで、打率何割を目指す、などといったら並みの選手だ。新庄選手はただ者ではない。野球選手としても超一流だが、野球選手以上の魅力がある。私も大の新庄選手びいきになった。

確かに人の悪口はいうべきではない。悪口をいって良いことなど一つもない。また、どういう訳か、ある人間の悪口を陰でこっそりその人間に内緒でいったつもりでも、必ず回りまわって相手の耳に入るものである。

私みたいな、道徳の教科書にお手本として載って然るべき立派な人間に対しても、いおうと思えば悪口はいえるものであるらしく、今までに何かの拍子に、私の悪口を伝え聞かされたことがある。私はもちろん温厚極まりないことこの上ない人間であるから、悪口をいった相手を悪く思ったりなど絶対にしない。私はその人間にこれから先何一つ危険なことが起こらず、安全で無事な生活を送れるように祈るだけである（それじゃ脅迫だって）。

悪口ではなく、正当な批判でもいわれる方では悪口と取ることがある。あるいは、その批判の痛みを強く感じすぎることがある。それで私も失敗したことがある。

ある時、テレビである落語家が酒を飲むさまを演じているのを見て驚いた。猪口《ちょこ》で飲んでいるはずなのに、「くいっ、くいっ、くいーっ」とたっぷりと間をあけて飲む振りをしたのである。その飲み方では茶碗酒である。茶碗になみなみと入っているから、まず一口飲み、もう一口飲み、残った酒を思い入れを込めて見つめて、最後の一口を、くいーっ、とやっつけるのである。

だが、猪口には酒はほんの一口しか入っていない。それをどうして三度に分けて、くいっ、くいっ、くいーっ、と飲めるのか。蛙だってあんなものは一口で飲んでしまう。猪口で飲むときには、猪口を軽く傾けて、すっと一息に飲んでからちょっと横に引く、という案配にやってもらいたい。身体も表情も大仰に動かさず、粋《いき》で軽やかな動きで願いたい。それが猪口で酒を飲むということだろう。で、私はそのことをある落語家にメールに書いて送った。

私の数少ない友人の中に、私より遥かに年下だが破格の若さで大会社の役員になった男がいる。彼は、大学の時には落語研究会で高座に上がり芸名まで持っているという落語好きで、私と話がよく合う。それぞれのひいきの落語家が違うので、時に言い合いになることがあるが、本気で言い合いになるところが、本当に話が合うということだろうと思う。

その男の高校の同級生がまた落語が好きで、本物の落語家になったのである。私はその落語家の高座を聴いたことはなく、面識もないのであるが、友人に紹介されてつい気安くメールを送ってしまったのである。その中で、私は、猪口三回分け飲みの落語家を批判して「だれか、若い落語家にきちんと教えてやる先輩はいないのか」と書いた。

しばらくして、その友人からメールが来た。友人はそのメールで「あのねえ、雁屋さんが批判した猪口三口飲みの落語家は私の友人の落語家と縁続きなんですよ。落語家本人は、雁屋さんに返事のメールを書く気にはとてもならないといっています」と怒っている。ああ、もう駄目だ。私だってそういう事情を知っていれば、そんなメールは書かなかった。受け取った方は、批判ではなく、悪口と取ったのだろう（ま、私の批判は時に、きつすぎることがないわけでもない、というわけでもないと思わないこともないのではないが）。

私は落語が大好きで、ぜひ、現役の落語家と仲良くなりたいと思ったのだが、相手を傷つけてしまい、駄目になった。人間年齢を重ねれば賢くなるわけではないということを、また私はこの「猪口三口飲み批判」の失策で確認した。

日本酒には器を楽しむ文化がある

というわけで日本酒である。

日本酒の楽しみの一つに、酒器がある。杯《さかずき》、猪口、ぐい飲み、茶碗、それにお銚子、徳利、これだけ器の楽しみのある酒は世界中で日本酒だけである。

私は陶器が好きで酒が好きだから、当然酒器のよいものが欲しいたちだ。値段の高い安いは関係なく、自分の気にいった器で飲む酒は一段と美味しさが増す。地方に旅をした時に器を売っている店があると入ってみる。運がよければ、気にいるものを見つけることができる。

酒を飲むのだから猪口やぐい飲みでなければいけない、とは私は思わない。小さめの古びた飯椀などに冷や酒を少し入れて飲むのも、おつである。抹茶茶碗なども、無理を承知で冷や酒を入れてみると、無理が通れば道理が引っ込むというやつで、結構面白い。

二十年以上も前のことだが、両親がヨーロッパ旅行の土産に、オーストリアあたりで買った小さな器を五個ほど揃《そろ》いでくれた。白い艶のある上薬を塗った肌の上に紅色でこみいった花柄が描かれていて、なかなか面白い。大きさからして、お猪口として使うのにちょうどよいと思った。

オーストリアあたりで、強い酒を飲むときに使う器ではないかしらと考えたのである。もともと私の器好きは父の影響である。私は大変に寛容な性格だが父はうるさい男で、気にいらない器を見ると「ふん、こんなもの」とそれこそ、鼻も引っかけないという態度で容赦がない。そういう父が買ってきてくれたものだから、悪くはない。酒を注いでみたら、これがなかなかよろしい。で、喜んで酒を飲んでいたら、連れ合いが「それは、お酒を飲む器じゃないんじゃないの。ゆで卵を立てる器じゃないかしら」という。

いわれてみれば、確かにこれはゆで卵を置く器のようである。試しに卵を載せてみると大変に座りがよい。間違いなくゆで卵立てである。酒器ではなかった。ゆで卵立てと酒器とでは、ちょっと格が違う。私の無知から酒器の地位を与えてやった器を、ゆで卵立ての地位に下げるのも可哀想だし、私の気持ちも収まらない。

お銚子
茶碗
徳利
ぐい呑み
杯
エッグスタンド
猪口

そんな訳で、今でもその器は他の本物の猪口やぐい飲みと一緒に戸棚に収まっている。そして、客が来るとそれを持ち出して、「これは、東ヨーロッパで、ブランディやカルバドスみたいな強い蒸留酒を飲むときの器なんですよ。見事なもんでしょう」などと講釈をかます。ああ、今までに何人の善良な人々が私の講釈を真に受けて「ああ、さすがはヨーロッパだ。よかもんでござえますなあ」と感心してくれたことか。いけねえ、こんなことばらすと次から私のいうことを誰もが疑ってかかるようになるな。気をつけよう。

徳利を「成長させる」方法

私は漆塗りの器も好きだ。漆の杯というと結婚式の三三九度の杯しか思い当たらない、などと悲しいことをいわないでほしい。漆の猪口にはいいものがある。

まず、器本体の木地が重要である。木地師といって木地作り専門の職人が技術を尽くして薄く薄く削る。上等のガラス細工のような薄さにまで削る。それに今度は漆塗りの職人、塗師（ぬし、と読む）が丁寧に丹念に漆を塗っては乾かし、乾かしては塗ることを繰り返す。

挙げ句に出来上がった漆の猪口は、色は深く沈むようで、しっとりとなまめかしい艶があって、手に持つと指の腹に吸いつく。唇に当てると、ふっくらと官能的な感触で唇が思わず震える。唇に押しあてているだけで、快感が背骨の上から下まで突き抜ける。それでじーんとしびれて、この器だけは誰にも渡さないからな、とうわごとのようにいうのである。

これこそ日本の美の真髄《しんずい》であると思う。よく出来た漆の器は素晴らしい。つぐのは冷や酒でも、燗酒でもよい。他の器からは得られぬ快感が得られる。しっとりと落ち着いた風雅な味わいは、私たちはこんなにも素晴らしい文化の伝統を持っているのだと、昔の人に頭を下げたくなる。

徳利というやつも、いじればいじるほど、面白みが増してくる。それも、徳利の場合、美しい絵柄の陶磁器より、上薬を使わない焼き締めのものの方が使っていて成長するようだ。使っていて成長するというと奇異に響くかもしれないが、私は愛用の備前の徳利を使うときには、徳利の表に自分がこれから飲む日本酒をすりこむ。

もちろん徳利だから、中にも酒がたっぷり入るわけで、こうすることで、表も内部も酒がしみるのである。これを何年かにわたって繰り返すことで、最初からすると比べものにならない風格がにじみ出てくる。徳利が成長したと呼ぶゆえんである。

日本酒は田んぼの米から作る。備前焼の土は、田んぼの底深くの土から作る。日本酒と備前の器。取り合わせとしてこれ以上のものはない。私もいろいろと酒器を手にしたが、心の底に、こっくり、と来るのはやはり備前の徳利である。

日本酒は冷やで飲んでも、心が温まる

といっておいて、このような典雅な世界から突然飛び出すこととする。

最近の居酒屋はなかなかにおしゃれで、内装や器などにも気を配っているようであるが、昔私たちが酔うことを第一に通った居酒屋では器なんか酒が入ればよい、とされていた。どういうわけか、どこに行ってもあったのが三ツ矢サイダーとキリンビールのコップだった。全然何の模様もない多角形でごついコップもあった。

居酒屋のコップは全部受け皿を下に敷いている。酒を注文すると、店の人間が一升瓶の口からどぼどぼとコップに注いでくれる。そして、コップから溢《あふ》れた酒がコップの受け皿を満たす。コップの表面は表面張力で酒が盛り上がって見える。コップを持ち上げれば間違いなくこぼれる。そんなもったいないことをしたら殺される。

で、まず口をコップに近づけてちゅうちゅうと一口二口すする。コップの上の方に隙間ができたら、やおらコップを持ち上げ、もう一方の手で受け皿に溢れている酒をコップに入れてやる。そこで初めて安心してコップから酒を飲むことができるのである。

そうして飲む最初の一杯の旨さ。体中に染みわたっていって、心がゆるゆるとほどけて、胸の奥からほーっと安堵の息が吹き上げてくる。周りの空気全体に金粉が舞っているような感じ

がする。酒を飲むのは、その一瞬の深い解放感と輝きに浸りたいからなのではないか。

その酒のまわりはじめた瞬間の、黄金のいっときは、どの酒を飲んでも得られるとはいうものの、やはり、心地よくお燗をつけた日本酒に勝るものはない。世界中の様々な酒を飲んできて、結局立ちかえるのは日本酒だな。日本酒はたとえ冷やで飲んでも、温かい。しみじみと心が温まるよ。

東京オリンピック以前というとこれまた大変な昔の話になるが、蒲田駅の西口は戦争直後の闇市の雰囲気をまだ残していて、実によい雰囲気だった。間口一間か二間程度の屋台のような飲み屋が軒を連ねる一角があった。まだ受験浪人だったか、大学に入ったばかりだったか、そのくらいの時だったが、ある時私は友人たちとその一角に繰り出した。

私たちはまだ親がかりで金などろくに持っておらず、とにかく安いことが第一だったが、幸いなことに当時の蒲田駅西口の飲み屋街は、逆に高い店が見つからないという塩梅《あんばい》で、我々にとっては便利至極な場所だったのである。

我々が、その中でも特に安そうだと当たりをつけて入った店は、小さなカウンターのまわりに椅子が六個ほど置かれ、カウンターの中では愛想はないが不機嫌ではない初老の女性が控えていて、客を仕切っている。我々がカウンターの前に座ると、隣で手酌で飲んでいた小父さんが、私に声をかけてきた。

小父さんは五十年配、工場の作業着の上にジャンパーを羽織っている。小父さんはもうすっかり出来上がっていてご機嫌上々、私たちをやたらと気に入ってくれて「若いのにこういうところに来て感心だ」などとほめる。挙げ句の果てに、店の女性に命じて、七輪で魚を焼かせはじめた。私にご馳走をしてくれるというのである。

私は、長い人生を送ってきたが、女性にもてないことは甚だしいものがある。いや、子供と年輩の女性にはもてるのであるが、肝心のその中間の年代の女性にもてない（子供と老人に好かれるのは人柄がいい証拠だよと友人たちは慰めてくれるが、私は人柄なんか悪くても構わないから、もててみたいと思い続けてきて、とうとう人生も終わりに近づいてしまいました）。そんな私だが、居酒屋で一人でいる小父さんたちには気にいられることが多かった。私は昔からにやけた顔をしているので、小父さんたちも声をかけやすかったのだろう。

その夜の蒲田駅西口の居酒屋にいた小父さんもひどく私を気にいってくれた。魚を特別に焼かせるなんて、それはよくよくのことだ。魚は多摩川で捕れた魚で、丸ごとでも七輪に乗る大きさだった。

その店の造りは変わっていて、冬だというのに軒のひさしがよしず張りになっている。その日は昼のうちに雪が降って、よしず張りのひさしにまだ積もっていた。その雪が溶けて、よしずの間からしずくになってぽたりぽたりと落ちてくる。

私たちは軒から奥の方へ入ってそのしずくから身を避けていたのだが、その小父さんは手酌で飲む酒の酔いがどんどん回るにつれてのけぞるから、上半身がひさしの方へ突き出る。必然的に、雪の溶けたしずくが頭にかかる。しかし、小父さんは私に魚をご馳走してくれることでますます上機嫌になって、しずくなど全く気にしない。酒で真っ赤になった小父さんの頭にしずくが垂れ、そのしずくが小父さんの顔を伝い流れる。小父さんはそれを拭おうともせず、手酌で酒を飲み、嬉しげに楽しげに笑い続けるのである。

今でも、日本酒をちびりちびりと舐《な》めているときに、その時の小父さんのことを思い出す。今や私は、その時の小父さんより遥かに年を取ってしまった。それでも、あの小父さん、今、元気にしてるかな、などと思ってしまう。

こういう思い出にしみじみと浸るのも日本酒の味わいの功徳だろう。

なぜ女性はエビとカニをかくも好むのか

イナゴは駄目でエビならよい、の不思議

ご婦人の好物は、芋、豆、カボチャ、栗などといわれていますが、それに加えて、エビ・カニもご婦人方の好物のようです。

で、エビとカニだが、ここにおいて私は女性という存在の不思議さに頭を悩ませていることを白状しなければならない。大抵の女性は昆虫の類を嫌いますな。私の姉は、学生の頃に私がイナゴの佃煮をエビの佃煮だといって食べさせたことを今になってもまだ忘れずに怒っている。なぜ、イナゴが嫌いかというと、脚がたくさんあってごにょごにょしているからだなどと訳の分からんことをいう。

さて、お立ち会い、ここだよ、問題は。姉は、エビだったらよいという。エビの脚の数はイナゴより多いのにだ。イナゴは昆虫だから脚の数は六本。それに引きかえ、エビと来たら動物学的にいうなら節足動物の中の甲殻綱十脚目長尾亜目に分類されるくらいで、何と脚の数は十本あるのだ。しかも、その脚というのは、エビの甲羅の部分（実は、ここがエビの頭と胸になるのだが）に生えている長い脚だけをいうのであって、我々が通常食べる腹の部分に生えている短い脚は勘定に入っていない。

腹部は七節に分かれていて、一番最後の節はしっぽで、それ以外の節には一対ずつ先が二またに分かれた短い脚が生えているのである。もう、脚の数だけでイナゴより遥かに多く、更によくよく見れば、頭というか顔というか、あのあたりには、角だの触覚だの顎《あご》だの棘《とげ》だの、イナゴよりもっとすさまじいものが密生していて、ごにょごにょどころの騒ぎではない。

見た目からいえば、エビの恐ろしさ、気持ち悪さはイナゴの数十倍だ。それでも、私の姉はイナゴは気持ち悪いといって身震いするくせに、エビを見ると食欲を高ぶらせて、ぐわばと鼻の穴を広げる。

私の姉ばかりではない。女性でエビが嫌いという人は、滅多にいない（甲殻類アレルギーでエビが食べられない人はたまにいるが、これは身体の事情だから仕方がない）。そのくせエビが好きな女性の大半が、蜘蛛《くも》は嫌いだという。蜘蛛の脚はたった八本なのにだ。いや、何も私は蜘蛛を食べろといっているわけではない。蜘蛛が気持ち悪ければ、エビだってかなり気持ち悪いはずだろうといいたいのだ。

それに、蜘蛛の日常を我々は伺い知ることができる。早朝から、せっせと巣を張って働いている。えらいじゃないか。それに比べると、エビのやつは水の中に潜っていて普段何をやらかしているのか分からない。おまけに、あの連中は後ろ向きに泳いだりするんじゃなかったか。そういうやつでいい性格のやつはいないぞ。気持ち悪いだけではなく、そんな素性の分からないやつを食べても平気なのか、ご婦人方よ。

カニだってひどいものだ。カニの顔を正面から見つめてご覧なさい。自らの醜貌《しゅうぼう》に苦しんでいる人も、カニの顔と自分の顔を比べれば少しは気持ちが楽になるだろう。しかも、しょっちゅう口からあぶくを吹いている。美学というものがないねえ、カニのやつらには。

日本の女性は胸毛だのすね毛だのがたっぷり生えた男性を見て、毛むくじゃらで気持ちが悪いという。じゃ、毛ガニはどうなんだ。体中毛だらけだぞ。その毛ガニを女性たちはとろけるような目で見つめる。一体どうなっているんだ。

こんな残虐行為（対エビ）が許されるのか

昆虫は気味悪がるくせに、エビだのカニだの、昆虫より遥かに気持ちが悪い生き物を喜んで食べるというところが、女性という存在の不思議なところだが、もっと不思議なのは、しとやかで哀れみ深いはずの女性が、いくらそのように気持ちの悪い生き物相手とはいえ、公衆の面前で平気で残虐行為に及ぶところである。

シドニーにはハーバー・プローンという日本の巻きエビなんか比較にならない素晴らしく美味しいエビがある。それを一番美味しく食べるのは、生きたままのエビをいったん紹興酒でしめて、もうろうとなったところを、煮え立ったスープの中に入れて茹でて食べる「ドランクン・プローン（酔っぱらいエビ）」という中華料理が一番だ。

これは、火の通し方が難しい。生と火が通ったのと、そのぎりぎりの頃合いを見切らないと、身の旨さが充分に出ない。生で駄目、火が通りすぎても駄目。茹でるだけだが、難しい料理だ。

で、案配よく火が通ると、給仕が皿に数匹ずつ取り分けてくれる。醬油（これが、日本の醬油では駄目。中国醬油でなければ本当の味が出ない）と落花生油、ネギの細切り、たっぷりの香菜、そして赤唐辛子を入れたたれにつけて食べる（ところで、最近このような場合に、「たれにつけて食べる」というところを、「たれにつけていただく」なんて、食べ物記事に書く手合いが増殖していますな。何を勘違いしてやがるんだ、と、そういう文章を目にする度に私の血圧は上がる。「いただく」というのは、「食べる」「飲む」の謙譲語である。謙譲語とは、自分あるいは自分の身の周りの者を、第三者に対して卑下していうときに使うものだ。だから、その食べ物を誰かにもらったのなら、「いただく」といってもよい。しかし、自分で金を払って自分が食べようってえのに「いただく」たあ何てえ言いぐさだ。食い物の味を云々する前に日本語をちゃんと勉強したらどうだ。そんな文章を読むたびに、私は「丹波篠山、山家の猿が」という歌の文句を思い出すね。無教養な手合いに限って、とんちんかんな丁寧語・謙譲語を使う。結果的に、聞かされる方が気持ち悪くて身体中にじんましんができてしまう。いい加減にしてもらいたい)。

それでエビを食べるわけだが、形の小さいエビはそのまま食べてもよいが、少し大きくなるとやはり皮をむいた方がよい（ハーバー・プローンは養殖ではないので、大きさがまちまちである）。

さて、その皮むき作業であるが、これはまた何とも残酷である。腹部の裏側からべりべりと表側に向かって皮をはがし、腹部を頭部の甲羅から切断する。これを、虫も殺さぬ顔の女性が平気でやってのける。

私の連れ合いなんか「エビの頭の先端に飛び出ている角を指で摑んで後ろに引くと、ほら、こうして頭の部分の甲羅がむけて楽だし、頭の中身も食べられて美味しいのよ」などと初めてのご婦人たちに実演して見せる。すると、ご婦人たちは喜々として、角つかみの甲羅ひっぺがしの頭かぶりつきの、という残虐行為に没頭し、食卓の上は、あわれ、エビの甲羅と脚が散乱する修羅場になってしまうのである。

不器用な人間を悩ます上海ガニのほじほじ作業

ご婦人たちの残虐行為は、カニにおいて更に猛烈に発揮される。

有名なカニに、上海ガニというのがある。秋も深まると東京の中華料理屋にも上海ガニ到来、などと貼り紙がでる。いわゆる食通といわれる人たちは上海ガニを無上のものとして褒《ほ》めたたえる。本当にそうだろうか。私は東京でも、香港でも、ついには本場上海にまで出かけて、これぞ最高という上海ガニを食べたが、以後二度と上海ガニは食べられなくても別に困らないと思った。

まずいとはいわない。確かに美味しい。だが、とにかく面倒くさい。上海ガニのよいものは持つとずっしりと重い。それだけ中に身が詰まっているのだ。身が詰まっているということは、食べるためにはその身を取り出さなければならないことを意味する。

上海ガニは大して大きくない。大きくない殻《から》の中に大量の身が詰まっているということは、作業が難航することを意味する。作業が難航するということは、手先の器用さと根気が必要であることを意味する。それが、私にとって問題なのだ。

私は、とにかく手先が不器用だ。私は自動車を運転していて音楽を聞こうとして、プレイヤーにテープあるいはCDを入れられない。いらだって、助手席に座っている長男に「おい、入れてくれ」という。長男は親戚が集まる場で、私が自分の不器用さ故にいらだち、長男にテープを入れることを命じる場面を再現して拍手喝采《かっさい》を親族一同から得た（うぬぬぬ、私を笑い者にして喜ぶとはなんという親族、なんという長男だ）。

それくらい不器用な私だ。たいして大きくない上海ガニの甲羅から身をほじくり出すのが、上手く行くはずがない。いくらほじっても、少しずつしか身は出てこない。確かに、殻のあちこちに身がずっしり詰まっているのは分かる。それなのに、私が一度にほじくり出せるのは、雀の一口分くらいでしかない。半分も食べ進むと、もううんざりする。これ以上の労働は拒否したいと思う。

私は、こんなカニみたいなものにとりついて、わっせわっせと身をほじくり続けるなんて人間の尊厳を傷つけるものだと思った。で、ある時、途中で食べるのを放棄したら、店の人間に見とがめられて、「高価なものだから、全部きれいに食べなきゃ駄目」とそばにつききりで監視される羽目になり、泣き泣き最後までほじくり尽くしたことがある。私にとって、上海ガニは楽しみというより、拷問に近いものがある。

その点、ご婦人方は違います。わき目もふらず一心不乱にほじくり続ける。また、ご婦人方は上手なんだな。わ、あんな大きい身をほじくり出した、と思わず見ている方が声を上げてしまうほど、立派な身を殻の中から無造作に引きずり出す。がしがし、がりがり、掘削摘出作業に邁進《まいしん》する。手はカニの汁で汚れ、口の周りにはカニの身の断片がへばりついている。どんな美人でもカニを食べているときは、凄いですね。

私は、時たま考える。こんなところを、殺された上海ガニの家族が見たらどう思うだろう。脚をバラバラに切り離された挙げ句、体中くまなく鋭利なカニ食い専用のへらでほじくり返され、一片も残さずその身を食べられてしまう。

カニだって頭もお腹もある。そのすべてを食い尽くされるのである。ああ、何たる残虐。酸鼻を極めるではないか。家族のものがそんな具合に虐殺され食われていく光景を見たら、いくらカニとはいえ、精神に深い傷を負うに決まっている。傷ついたあまり、本来横這《ば》いのカニがまっすぐ歩くようになったらどうするんだ（いや、カニは必ずしも横這いだけではないぞ。昔、私が住んでいた逗子の借家の庭には、近くを流れる川から弁慶ガニという淡水のカニがやって来たものだ。そのカニは不思議なことに、木に登る。何のためかというと、木の皮に生えたこけを食べるのである。そのカニは、木に登るときに横這いで登るかというとそうではない。左右の脚で木の幹を抱くようにして、まっすぐ上に登っていくのである。実に不思議なカニで、他にそんなカニの生態を聞いたことはない）。

そのような残虐行為を、しとやかな（と思われる）女性がやってのけるのである。これが、人間の真実なのだろうか。私は、このような真実を充分に成長して後に知ったことを幸せに思う。思春期などに知ったとしたら、私は女性恐怖症になったのではないだろうか。

いや、今回は見事なものだ。エビ・カニを題材にして、女性の本性に迫ったではないか。などと悦に入っているとえらいことになると今、気が付いた。当然ながら私の連れ合いは女性だし、二人の娘もこれまた当然ながら女性だ。おまけに担当編集者も女性だ。このままではいけない。私の友人の得意文句を借りると「危険が危ない、注意に気をつけろ」だ。そこで、いい忘れていたことを慌てて付け加えることにする。

我ながら唐突だとは思うが、あのマツバガニのことです。確かに雄のマツバガニは美味しい。あの、真っ白で、ふんわりむっちりつるりとした感触の脚の身の味わい。まさに極楽としかいいようがない。あれほどのカニは世界広しといえどもあるもんじゃない。

しかしだ、マツバガニの雌の旨さは、雄の旨さとはまた別の次元の旨さだ。脚は細く、殻も小さい。しかし、その小さな殻に詰まっている身の味わい深さと来たら、これも他に滅多にあるもんじゃない。上海ガニより断然旨いと私はあえていおう。

一番ありがたいのは、味の良さもさることながら、食べるのに面倒くさくないことだ。大抵、どこの料理屋でもちゃんと、食べやすいように殻をむいて出してくれる。私は、もうこれが大好物。前回日本へ行った際、三日連続で食べたが、食べるたびに興奮した。で、何がいいたいかというと、男がエビ・カニに熱中しないのは、不器用で根気がないからです。手間がかからなくて旨いとなると、興奮し熱中するのだ。結局は、女性は男性に比べて、手先が器用で根気がある分、優れているのです。素晴らしいじゃありませんか。女性万歳！

てな具合に有終の美を飾って終わりとしよう（なんとか、これで難を逃れられるといいのだが）。

あとがき

この本を、

故・笹原博さんに捧げたい。

十年以上前、小学館マルチ編集部の笹原さんと関和子さんが私のところにやって来て、新しい企画に協力してほしいといった。

その企画とは、今までに小学館で出版した漫画の単行本を廉価版に編集し直して、コンビニエンス・ストアで売りだしたいというものだった。廉価版だから定価は一冊三百円であるという。

『美味しんぼ』の場合、第一巻からそのまま順番に発行するのではなく、ラーメン、肉、ご飯、などのように主題ごとに編成し直す。

さて、そこで私は大いに困ってしまった。そういうことをしたら、今まで五百五十円で単行本を買って下さった読者の皆さんに申し訳ないではないか、と笹原さんにいった。

すると、笹原さんは「雁屋さん、『美味しんぼ』が始まって何年経っていると思うんですか。今の若い世代は『美味しんぼ』の最初の方を読んでいませんよ。新しい読者のための本なんです」という。

なるほど、と納得した。当時『美味しんぼ』は連載開始から十五年は経っていた。連載開始時に生まれた子供も十五歳、新たに『美味しんぼ』を読んでもらうのは原作者としてありがたいことだ。

それにしても、かつて発行した単行本を、再編集するとはいえ廉価版で再発行するのは二重売りのようで気が引ける。

そこで、「そのままでは読者に申し訳ないから、私の食べ物随筆をおまけとして載せることで、償いにしたい」と笹原さんに申し出た。笹原さんも承諾してくれて、コンビニエンス・ストア版の『美味しんぼ』に毎号「美味しんぼ塾」が掲載されるようになったのだ。

この、既売の単行本を編集し直してコンビニエンス・ストアで売るというのは、どこの出版社も考えつかず、笹原さんが考え出したことである。

各出版社は、「そんなものが上手く行くはずがない」と思っていたようだが、蓋《ふた》を開けてみると大成功。笹原さんの始めた「マイファーストビッグ」シリーズの売上げは目覚ましいものだった。笹原さんの成功を見て、他の出版社も笹原さん流に既存の単行本をコンビニエンス・

ストア用に編集して売りだすようになった。

今、コンビニエンス・ストアに行けば、どの店の一角にも、「マイファーストビッグ」シリーズと、それに追随した各出版社の同型の本が並んでいる。

笹原さんは、新しい市場を作ったのだ。これは、凄いことである。

他の出版社からも、新しい市場を生み出したことで、笹原さんは感謝された。

笹原さんは出版界に大きな貢献をして、世を去った。


最初の心積もりでは、「美味しんぼ塾」は読んで楽しいものにするはずだったが、時に私が世相に過敏に反応して妙に攻撃的で不快な内容のものを書くこともあった。

そこで、この本には、笹原さんも「これなら」といってくれそうな楽しい内容のものを集めた。

この本を読んで、天上の笹原さんが読者諸姉諸兄とともに、にやりとしてくれたら、本当に嬉しいのだが。

雁屋　哲

雁屋哲（かりや・てつ）

1941年、中国・北京生まれ。東京大学教養学部卒業後、電通勤務を経て漫画原作者となり、『男組』（画／池上遼一）『野望の王国』（画／由起賢二）などを手がける。83年、『美味しんぼ』（画／花咲アキラ）の連載開始。87年、同作品で第32回小学館漫画賞受賞。88年より、オーストラリア・シドニー在住。著書に『シドニー子育て記』（遊幻舎）『美味しんぼ食談』（岸朝子との共著、遊幻舎）『美味しんぼ塾』『美味しんぼ塾II』（小学館）などがある。

本書は、マイファーストビッグ『美味しんぼ』（小学館）に掲載された「美味しんぼ塾」の中から22編を選び、加筆訂正し、構成したものです。

頭痛、肩コリ、心のコリに美味しんぼ

二〇一〇年六月二十五日　第一刷発行

著者　雁屋　哲
発行者　真中瑛子
発行所　遊幻舎
〒一〇四—〇〇四五
東京都中央区築地四—二—七
フェニックス東銀座八〇四
電話　〇三（三五四六）六三六一

印刷・製本　シナノ印刷株式会社

落丁・乱丁本はおとりかえいたします。

ISBN978-4-9903019-5-8　C0095
定価はカバーに表示してあります。